オタクの息子に悩んでます

朝日新聞「悩みのるつぼ」より

岡田斗司夫 FREEex

幻冬舎新書
277

まえがき

父親が大嫌いです……◆相談者―女子高生／10代　２０１０年5月15日／朝日新聞／朝刊

10代の女子高生です。

父の休日は食べる、寝る、テレビの繰り返し。他のことは何ひとつやりません。仕事は自営業で、「忙しい」と言う時期もありますが、一日中テレビがついているようで、ちゃんと仕事しているのか不審です。最近は夜遅くまでケータイをいじっており、50歳にしてケータイ依存症で、意味がわかりません。

私は物心ついたときから父が嫌いで、母には「お父さんみたいにならないように」と、育てられてきました。幼い頃、2月の公園の噴水で私が遊びたがるからと父が遊ばせ、私は肺炎で入院したことがあります。

父への感謝の気持ちはこれっぽっちもありません。老後の面倒をみる気はなく、のたれ死ねばいいと思います。お父さんと仲がいい友達がとてもうらやましいです。父を好きに……なろうとしても、いいところなんて一つもないし、子供に無関心ですべて母に任せきり。最近は通知表も父には見せていません。

母は父との結婚は失敗と言っており、私は離婚してほしいのですが、経済的なことを考えると無理です。父がいる休日はイライラし、死んでほしい、殺したいという気持ちが強くなります。虐待でもされれば訴えられるのにと、楽しいはずの休日はストレスでつらくて泣くようになりました。どうすれば良いのでしょうか。思春期という理由で片付けないでほしいです。

◆回答者／岡田斗司夫

「お父さんみたいにならないで」。母はいつも言う。

不思議です。あなたは女、父にはなれません。なるとすれば母親でしょう。

「お母さんのようになっちゃダメよ」。こう言うべきです。

なぜ母は「私のような母親になるな」と言えないのか？　ここがポイントです。「私のような母親」とはどんな母親でしょう。答えは簡単ですね。

自分に無関心・無頓着な夫と結婚し、離婚もできず、思いつく限りの愚痴を幼い頃から言い聞かせ、やがて娘が「父など死ねばいい」と思いこみ休日に泣いて過ごすように仕向ける母。

それが「私のような母」です。

本当に最悪の父なら、なぜ母は離婚しないのか？　これも簡単、ちゃんとストレスのはけ口があるからです。自分の言い分を全部信じる娘に毎日悪口を言ってストレス発散してる。だから母は耐えられる。

つまりあなたの父親像は、母の愚痴でできている。寒い中、娘にせがまれて公園まで連れて行く父。はしゃいで寒いのも忘れ夢中であなたは噴水で遊んだ。でも風邪を引いたあなたに母は「父が悪い」と吹き込みます。繰り返される呪いの言葉が楽しい思い出を消してしまったのです。

人間は弱い。誰かの愚痴や文句を言わないと生きていけない。

母の不幸は、家に閉じこめられて、視野が狭いことです。趣味が「父のダメ出し→娘に吐き出し」だけ。こんなの誰の得にもなりません。

ではどうするか？

あなたがこのマイナス連鎖を切りましょう。誘ってあげて、お母さんの興味を外に向けさせる。これができれば、状況はかなり改善されるはずです。お母さんと一緒に映画やショッピングや旅行をする。そのために、あなたがバイトをするのもアリ。お母さんにもパートに出ることをどんどん勧めましょう。

パートをすれば、お母さんの世界も広がるし、お金も、できることも増えます。本当に最悪な父なら、あなたと母が一緒に働いたら独立も可能でしょう。

難しすぎますか？

じゃあなただけでも逃げてください。たった3人家族で2人が1人の悪口を言い合ってる家は地獄ですよ。高校生ならもう働けます。

逃げなさい。さもなければ、母を助けなさい。

はじめまして。岡田斗司夫です。

朝日新聞土曜別刷りｂｅに毎週「悩みのるつぼ」という人生相談コーナーが掲載されています。

回答者は４人。そして僕はその回答者の一人です。

４週間に一度、このような難問が読者から寄せられ、僕はそれに回答します。

自分の回答が良いものか悪いものか、わかりません。書き終えた時に「手ごたえ」みたいなものを感じる時もあるけど、それだって独りよがりかもしれません。

冒頭の相談に対して僕が出した答えは、その中で特に評判の良かったものの一つです。

幻冬舎さんから「悩みのるつぼ」をまとめて本にしたい、という依頼を受けて書いたのがこの本です。

「悩みと回答だけでなく、岡田さんがどのような思考経路をたどってあの回答に行き着いたのか、それが知りたい」と言われました。

なので、どのように発想し、どのように展開して、どのように表現するのか、徹底的に自分を分析しながら書いたつもりです。僕なりの発想法や企画術、それに文章表現の秘密みたいなものも、何も隠さず全部書いてしまいました。

本書は「人生相談本」ではありません。

「問題に対する考え方」を教える本です。

論理的思考力や、それを超える発想法を、できるだけわかりやすく、読者みんなが身につけて実践できるように構成しました。

また同時に、「岡田斗司夫が、どのような悩みや迷いの果てに、ここで紹介する思考ツールを得たのか」という冒険談にもなっていると思います。

それでは、いよいよ始まりです。

1億3000万人の「悩みのるつぼ」へ飛び込みましょう！

オタクの息子に悩んでます／目次

ステージ1　誰よりも面白い答えを

改めて、はじめまして、岡田斗司夫です。

朝日新聞の「悩みのるつぼ」という人生相談コーナーで連載をしています。

この仕事、すごく好きです。

好きな仕事しかやらないから当たり前なんですけど、その中でも大変やりがいがあって楽しい仕事になっています。

お陰様で評判も良く「どういうふうに回答を思いつくのですか？」と訊かれることも多い。

で、せっかくの機会ですので、「どういうプロセスで回答を考えるのか」を公開しちゃおう、というのが本書の目的です。

できれば、「考え方の方法」まで話を進められたらいいなぁ、と思っています。

実例となる人生相談を、いっしょに考えるつもりで読んでください。

では、最初の相談。僕の回答は、ずっと後に掲載してるので、とりあえずみなさんもこの相談に答える立場で読んでください。

彼のケータイ盗み見たら……◆相談者―会社員の女性／30代　2009年4月4日／朝日新聞／朝刊

最近、1年半ほど付き合った彼氏と別れました。一度疑ってしまうと週末に会えないことが増えてきて「何かアヤシイ」と思い始めました。どんどん不安感が増し、彼の携帯電話が鳴るたびに相手は誰だろう、と心配になりました。

私のマンションに泊まりにきたある晩のことです。彼がお風呂に入っているときに、ついに彼のケータイのメールを見てしまいました。

「週末の温泉、楽しみだねー。いっぱい、いちゃいちゃしようね」

そんなメールを見つけてしまったのです。相手は明らかに深い関係があるように思える女性です。浴室から出た彼を問いつめました。彼はうつむいて涙を流しました。そして、私に向き直って言いました。

「おまえを試したんだよ。まさかケータイを盗み見するような女とは思わなかった」

意外な反応に、私は言葉を失いました。彼は「個人情報の必要性が叫ばれる時代だ。プライバシーに関する規範意識がなさすぎる」と説教を続け、出ていきました。

確かに、ケータイを勝手に見たことはいけなかったかもしれません。でも、同じ女性からのラブラブなメールはほかにも何通もあったのです。

私は、盗み見したことを謝るべきでしょうか。それとも、だまされているのでしょうか。

相談者は何を求めているのか

さて、あなたならどう答えますか？

僕は正直、「なんじゃらホイ!?」と思いましたよ。

連載第1回、最初に僕が受けた質問でした。

相談者は会社員の女性、30代です。

付き合っている彼の携帯メールを見たら、浮気の証拠みたいなものが書いてあって、問い詰めたら彼は言った。

「おまえを試したんだよ。まさかケータイを盗み見するような女とは思わなかった」

いやビックリしました。新聞に載せるような話じゃない。まるでコントです。

もし面と向かって言われたら、僕だったら爆笑してます。それはないわ～（笑）。

さらに、「男性諸君、これみんな覚えておこう。こういう〝返し〟でも通用するんだよ」と驚いたわけです。

しかしですね、その感想を正直に新聞に書いても仕方ない。

いや、最初、実は考えました。

「えーと、アナタそれ、200パーセント騙されてますよ」

とか答えようと思って書き始めたのですが、書いてると、やっぱり違う。しっくりこない。

この人が聞きたいのはそんなことじゃない。

誰よりも面白い答えを書きたい

この「悩みのるつぼ」というシリーズは毎週土曜日掲載で、4人の回答者が1週ごとに答える形式です。

車谷長吉《くるまたにちょうきつ》さんという純文学の作家さんと、経済学者の金子勝さん、上野千鶴子さんってフェミニストの東大教授。（2012年現在は車谷さんがやめられて、美輪明宏さんが加わっています。また、上野さんは2011年3月いっぱいで東大を退職してます。）

連載開始時に、僕のほか、この3人が担当すると言われました。

だから、彼らをすごく意識しました。とりあえず彼らより面白いことを書きたい。いまだにそうなんですよ。毎回毎回、「あいつらより面白いこと」を自分のテーマにしています。

4人それぞれ、得手不得手というのがあるはずです。

まず、文章力では車谷さんに絶対かなわない。なんせ向こうは純文学作家ですから。読んでる人の心をグワッと動かすという技術で、車谷さんにはかないません。だいたい、人生の深さでも勝てるはずがない。僕、あんなつらい人生送ってませんし。ただし、かなりの確率で精神論、つまり実用性の低いアドバイスを返してくるだろうと予想を立てました。

金子さんは合理的かつ実行可能なアドバイスをするはず。すると、発想の飛躍には限界がある。「面白さ」という部分なら、僕にも勝ち目があるに違いない。

視点とか切り口の鮮やかさでは、上野さんに勝てるはずがない。フェミニストとして東京大学で教授をやって、数々の論敵をバンバンバンバン打ち負かしている、世にも嫌なバアさんです。

上野さんとか毒舌芸人の有吉弘行さんって、同じ世界に住んでるんです。〝悪口の世界〟です。この人たちに言い争いで勝てるはずがない。相談者の悩みを鮮やかに一刀両断するのは彼女におまかせです。

でもきっと、彼女の回答は「下らない質問に対して溜飲を下げる」タイプになるんじゃないかな。そこが上野さんの欠点だろう、と考えました。

本音を書きます。どんどん嫌らしい話をします。

天下の朝日新聞から依頼を受けた時、僕は以上のような「他の相談者の長所や弱点」ばっかり考えていました。でないと、自分が役に立つ場所が見つけられない。みんなが不得意な部分を引き受けさせてもらって、なんとか連載をクビにならずに続けよう、と考えたわけです。

でも、それ以外に「野望」っぽいものもあった。

相談者の〝徹底的に役立つ〟回答とは

読者は関係ない。相談者のことも何も考えてない。僕個人のやりたいこと。それは何か。

悪口の爽快感とか人生の深さみたいなものとはまったく違うところで、自分の独自性を出しながら、同時に自分の代表作の一つともなるような「人生相談に対する回答」を出し続けたい。

それが、僕の見つけた「個人的な目標」です。

だとすると、読んでいて気持ちがいいとか、読んでいて癒されるとかいう回答ではないだろう。〝徹底的に役立つもの〟を書こう、と僕は考えました。

実際に毎回の「悩みのるつぼ」では、どの回もどの回もどの回も、いつもまず、「こういうふうに答えたい！」という僕の勝手な欲望に迷い込みます。

この第1回の相談で言えば、「それはおまえ、騙されてるぞ！」と言いたくてしょうがないんです。

でも、それを言っても何の役にも立たない。

そうじゃなくて、相談者はどんな言葉を求めてるんだろう、と考えてみるべきなんです。少なくともこの相談者の役に立ちたい。

それは、他の回答者たちは百パーセント考えてないんです。

上野千鶴子が相談者の役に立ちたいなんて、そんな謙虚なこと考えてるはずがない。車谷さんはそんなことを聞かれたら、人生節を語りだすに決まってる。

そうでなくて、じゃあ自分のオリジナルなポジションというのは何か？　役に立ちながら何かプラスアルファというのを出したい、というのを第1回から強く意識してました。

証拠を求めながら相談を読み込む＝分析(1)

で、最初にやったのが**分析**です。エビデンス＝証拠を求めながら相談を読み込むんです。

「悩みのるつぼ」の相談文を書いてるのは、言い方はなんですけども「素人」です。文章表現のプロではない。

だから、ここに書いてある相談事は、その人が聞きたいことを書いたものではないんです。

頭の中にモヤモヤしている何かを文字に落としていったものです。

「こんなことがあったんです、嫌だったんです、どうすればいいんでしょう」と書いてるうちに、これも言いたい、あれも言いたいというふうになってくる。

で、最終的に「どうすればいいでしょうか」とか、「僕は騙されているのでしょうか」と結んでみる。

この文章だったら、《私は、盗み見したことを謝るべきでしょうか。それとも、だまされているのでしょうか》で終わっています。

でも、これは結びとして書いただけで、彼女が聞きたいのは、おそらくこれじゃない。いや、「これじゃないだろう」と、僕は〝疑い〟ました。

「疑って分析する」、その上で、その文章中にその〝証拠〟を見つける。

こう考えないと、相談者に対してフェアじゃないんですよ。

相談してくる人の多くは、日記もブログも普段ろくに書かない人です。ひょっとしたら、相談する相手もいない人かもしれない。もしくは誰に相談してもうまくいかないから、新聞に投稿してくる。

投稿はメールの場合もありますし、ハガキもあります。文章を日常的に書き慣れてない人が、慣れない中で本当に一生懸命に書いて送ってきます。

だから、後半になってようやっと本音が出てくる場合もあれば、途中の一文に、ポロッと本音が出てくる場合もあるんです。

さて、最初の相談に戻ります。

もう一度、相談文を読んでみてください。僕は次のように回答しました。

◆回答者―岡田斗司夫

相談者さんは冒頭で「別れました」と書かれています。でも相談内容は「謝るべきか、だまされているのか」です。

矛盾してます。もう別れちゃった彼に謝っても意味ないですよね。本当に相談したいポイントは別じゃないでしょうか。

元彼にムチャクチャな説教をされて悔しかった。悔しいのは「確かに私が悪いかも」という反省と「それをお前が言うか!?」という怒りがごちゃまぜになったから。だとすると、そのモヤモヤした気持ちの正体とは「私は携帯を盗み見るような、みっともない女になってしまった。でも、それでいいんだろうか?」しかありません。

彼に謝らなければ、と思うのは「もう二度と、人の携帯を盗み見るようなことはしない。そんな女にはなりたくない」と決意したいからです。だまされているか知りたい、と思うのは「彼は浮気をしていたのだから、携帯を見たのは正しい！」と安心したいからです。

どっちでしょう？　きっと両方ですよね。だから苦しいんです。

「彼氏のことは気になる。だから携帯を見るぐらい当たり前」。そんなふうに思えるなら、いっそ「本気の恋なんて多少見苦しいのは当たり前。携帯を盗み見ないうちは、まだまだ本気になってない」と考えちゃえばいいんです。疑わしいと思えば携帯でもメモ帳でも鞄《かばん》でも、いくらでも調べましょう。カマをかけて白状させてもいいし、探偵を雇うのもアリです。

つまり「物証という現実」を根拠に判断するわけです。

「そんな自分はイヤだ、許せない」というのなら、何があっても携帯なんか見ない、と決めてしまうことです。

彼を尾行したり、言葉の裏を探ったり、「真実」を知ろうとするとキリがありません。せっかくすてきな恋をしてるはずなのに、推理ミステリーに参加してる気分しか味わえません。

そういうことは一切しない。でも、自分が彼を信じられなくなったら、「信じたい」という気持ちがなくなってしまったら、証拠なんて関係なく、きっぱり別れる。つまり「自分の気持ち」を根拠に判断するわけです。

現実優先か、気持ち優先か。

迷っているうちは、苦しいままでしょう。正解はありません。「どっちの自分が好きか」で、選んでください。

相談者の気持ちを辿る＝分析(2)

僕はこう分析しました。

この相談で注目したのは、冒頭の「別れました」という部分。

そうです。この人、すでに別れてるんです。

でも相談内容は「謝るべきか、騙されているのか」なんです。つまり「すでに別れた元彼《モト》に対する態度、考え方をどうするべきか」が悩みなんです。

本来これって、もう今さら考えても無駄ですよね。

どう考えても怪しげな理屈で、彼に丸め込まれた。

本来キレて、「あんた、やっぱり浮気してたんじゃないの！」と言いたい時に、「おまえを試したんだ。そんな女とは思わなかった」「個人情報の必要性が叫ばれる時代だ」「プライバシーに関する規範意識がなさすぎる」などと逆に説教された。

言いたいことを全部吐き出して、男は出て行ってしまった。

だから彼女が聞きたいのは、「この腹立ちみたいなものをどこに、どういうふうに持っていけばいいか」なんです。

多分この人、悔しかったんです。

なにが悔しいって、一瞬彼の言い分に納得しちゃったことが悔しい。

なんで納得しちゃったのか？　その時まだ彼のことを好きだったからです。

そうじゃなかったら、こんなバカみたいな説教に納得するわけないです。

でも、この相談を読む立場の僕たちは違います。

「そんなもん誰が聞いてもウソだよ」というふうにわかる。

あなたも、この男がウソつきだとわかったでしょ？

なぜウソだというのがわかるのか。で、なぜ彼女はわかんないのか。

彼女がバカで僕たちが賢いからではないんです。

この時の彼女は、その彼が言ったことを信じたかった。だから迷ったんですね、絶対に。

その〝信じたいと思った自分の心〟が悔しいんです。つまり、そんなことを言われても、彼のことを信じたいと思った程度には、彼のことが好きだった。

でも、「その彼はどう考えても好きになる値打ちがない男」というのが相談者の苛立ちだと僕は考えました。

このような思考過程が**分析**という考え方です。

本当に言いたいことは何か＝仕分け

分析するために、**仕分け**という方法も使います。

相談文の中でどの部分が矛盾しているのか、どの部分が本当に言いたいことなのか、それを**仕分け**します。

論理で見るとおそらくわかんないのですが、書いた人の気持ちを想像してみましょう。〝温度が上がっている表現〟というのがあるんです。

たとえ話になって申し訳ないですけど、赤外線サーモグラフィで見たら普通の温度はずっと青くて、温度の高いとこだけ赤くなったり白くなったりしますよね。僕は文章をパッと見た時に、ああ、白くなってると思います。

この相談文だと、温度が高いところは、《盗み見したことを謝るべきでしょうか。それとも、だまされているのでしょうか》という部分。

最後のこの文が、フッと温度高いなと思ったんです。

それまでずっと淡々と書いていた人が、グンと温度が上がっちゃってる。きっと書きながら自分でもムカッとしちゃった場所なんでしょう。

どう**仕分け**ればよいのかわからない時にオススメなのが書き写しです。文字どおり、原文を一字一句変えずに自分で書いてみる、キーボードで打ってみる。すると面白いほど「書いた人の気持ち」や「心の温度」が伝わってきます。

具体的な行動を提示＝フォーカス

さて、**分析**と**仕分け**で、ほぼ情況は掴めました。

では、どうアドバイスすべきでしょう？

フォーカスという方法を用います。


最終的に悩みに対する回答というのは、相手に「こうしましょう」と、可能で具体的な行動を提示しなければダメなんです。

なので、「これから可能な行動に絞って（焦点＝**フォーカス**を合わせて）助言する」というスタンスに徹することが大事です。

この30代の女性に対しては、「そんな男のことはさっさと忘れろ」としか答えようがない。

「自分の気持ちを整理して、その彼のことは忘れましょう」ということを行動としてやってもらう。

もしくは、彼のことをもう一度信じて、悪かったと謝りに行って仲直りする。

どちらかですね。あまり可能性はないですけど、ありうるかもしれません。

結局、新聞に掲載された回答で、僕は、《信じられなくなったら、「信じたい」という気持ちがなくなってしまったら、証拠なんて関係なく、きっぱり別れ》ろ。《「自分の気持ち」を根拠に》しなさいと迫っています。

第1段階の**分析**で、彼が言っていることはウソなのに、そのウソを信じたいと思った恋愛感情がこの女性を苦しめてる、ということを突き止めたから、ここまで言い切りました。

恋愛感情がある限り、好きになった男のことを信じたいとか、自分の方が悪かったのでは、などと考え込んでしまう。

それに対して、取りうる行動二つを提示しました。

1 信じられないなら別れる。
2 信じたいなら疑わない。

という「具体的で可能な行動」です。行動可能な範囲内に絞って考える、すなわち**フォーカス**です。

以上、最初の相談に僕は三つの思考ツール、**分析**、**仕分け**、**フォーカス**を使って、回答を組み立てました。

次章より、こんな感じで次々と具体的に話をしていきます。実例の中から、すなわちケーススタディを通して、考え方のパターンやツール使用の実際を学んでください。

ステージ2　相手と同じ温度の風呂に入る

スイッチ入るのが遅くて……◆相談者─編集業務女性／30代　２００９年5月2日／朝日新聞／朝刊

30代の女性です。旅行ガイドの編集業務をしていますが、いつも締め切り間際にならないと本腰が入らず困っています。

企画を立て、筆者や写真家と調整し、製本するというのが一連の作業で、3カ月くらいかけます。でも、原稿や写真がそろい、後は私が編集するだけという段階になってから、たちまち仕事のペースが落ちるのです。

早く取りかからないとまずいぞ、おおごとになるぞ──そう言い聞かせるのに、エンジンがかかりません。ボーっとしたりテレビを見たりして、逃避を続けてしまいます。

締め切りまで残り2週間。逆算すると、間に合わないかもしれない。そこまで追い込まれると、まるで神が降臨してきたように仕事モードのスイッチが入ります。

会社に連泊し、睡眠時間は2〜3時間。血走った目で、猛烈にパソコンを操り、いつもぎりぎりセーフ。印刷所で肩で息をしながら、小さくガッツポーズをするのです。

でも、もっと早く着手していれば、よりよい本ができていたに違いないのです。

振り返れば、高校や大学の受験のときも「今日こそやろう」「がんばれ、ワタシ」と自分に声援を送りながら、本格始動したのは3年生の秋でした。

必要なときに仕事モードのスイッチを入れる効果的な方法を教えてください。

相手と同じ温度の風呂に入るということ

30代の女性編集者、いつもギリギリになってからでないと仕事ができません。《必要なときに仕事モードのスイッチを入れる効果的な方法を教えてください》という相談です。

最初に読んだ時、効果的に仕事モードのスイッチを入れる方法を考えちゃいました。なんせ役に立つ回答を書きたいわけですから。

効果的にスイッチを入れる方法って、そりゃ、あることはあるぞ、って思っちゃったんです。

でも、それって結局はそこらへんの本屋で売ってるような「モチベーションを上げる方法」

とか「効率的にビジネスを進める方法」になっちゃう。それを、岡田斗司夫なりの〝気の利いた〟言い回しで、新聞用に短くアレンジしてみましたという回答……それじゃダメなんです。

それはそれで役に立つかもしれないんだけど、多分違うよなと。

相談者は編集者です。そんな本はいっぱい、しょっちゅう読んでるはず。

そんな彼女が満足してくれる回答を、僕は書きたかった。

そこで、使った思考ツールが**共感と立場**です。


さて、あなたならどう答えますか？

自分なりの回答を考えてから、次を読んでみてください。

◆回答者―岡田斗司夫

結論から言います。今のやり方で大丈夫です。

私から見ると、あなたの今のやり方、言うなれば「ギリギリ法」ですね。これ、実は理にかなっています。

クリエーティブな仕事では、カンやひらめきといった、脳の無意識領域の働きが大切です。

では「ひらめき」はいかにして生まれるか？　脳科学者など専門家によると、「ひらめき」

は以下の四つのプロセスから生まれます。

1　データを集め、準備する。
2　データの順列組み合わせをすべて考える。
3　考えるのをやめ、頭の中で自然に発酵するのを待つ。
4　数日か数週間すると、いきなり「ひらめき」が訪れる。

周到な準備の後、いったんそれを忘れる。忘れることで脳がリラックスし、無意識の領域が活発になります。原稿や写真を準備して、あとは自分が作業するだけ、という段階になって手を止めてしまうあなたのやり方は正しいわけですね。

だから締め切りが近づくと天啓のようにアイデアがわく。無意識の領域で設計図ができているからこそ、追いこみの時期に、猛烈な勢いで作業を進めることができるのです。

あなたの質問通り、もし作業開始を早めたとしても「締め切りまでまだ余裕がある」とダラダラ作業するだけじゃないでしょうか？　印刷屋でガッツポーズの爽快感も味わえないし、発酵期間が短いと良いアイデアも浮かんできません。スケジュールを短縮できても、あなたの幸せが増えるとは限らない、より良い本ができるとも限らないのです。

どちらかというと問題は、「気力スイッチさえ入れればもっと効率よく動けるはず」というあなたの自己幻想です。そんな幻想に騙《だま》されて、「次回こそ早く取りかかります」など安請け合いしてませんか？　守れなかったら余計に迷惑だし、あなたの信頼度も下がりますよ。

それよりあなたの「ギリギリ法」のせいで忙しくさせた印刷所に言葉やお菓子の差し入れなど、お詫《わ》びの気持ちをあらわしましょう。ギリギリ法はあなたに最適であっても、けっして開き直ったり、ましてや自慢したりするものではありません。

間違っても上司に「朝日新聞ｂｅの人生相談でも、ギリギリでも良いと言われた」と自慢してはいけませんよ。

共感と立場とは何でしょう？

僕が基本的に「悩みのるつぼ」に関して気をつけていることは、〝相談者と同じ温度の風呂に入る〟ことです。

相談者の背後には10万人の悩む人がいる＝共感と立場(1)

共感のコツは相談者と〝同じ温度の風呂に入る〟ことにあります。

恋愛で悩んでいるとか、借金のことで困っているとか、いろんな悩みがありますよね。

その時に、ついつい僕たちはその相談者と〝同じ温度の風呂〟に入らないんです。その人が熱くて困ってるとか、冷たくて困ってると言っても、自分は服着て標準の温度で快適に過ごしながら、つまり安全地帯から「こういうふうにすればいいよ」と忠告してしまう。

とくに男性はこれをやってしまいがちです。女の人が男性相手に相談をすると、ムダに疲れてしんどいというのをよく聞きます。

というのも、男性はすぐに回答を出そうとする。

僕と同じで、役に立とうとするあまり、その人に対していま自分が言える一番論理的で、行動可能で、こういうふうにすれば状況が改善されるのにといった指針を、手早く言おうとしすぎるんです。

結論だけじゃダメなんです。それよりもっと前の段階で、「相手と同じ温度の風呂に入る」これが必要です。

相談者は、まず「こういうふうなことがあって、こういうふうなことがあって――」と話そうとします。

その時、すぐに「それはこうすればいいよ。それはここに相談すればいいよ」と答えるのではなく、充分に「それはつらいよね。それはしんどいよね」というふうに、その人の感情とか感覚を共有しないといけない。

そうしないと、同じ立場に立てない。絶対に上から目線の回答になってしまう。

それはよくない。

まず、同じ温度の風呂に入って、その人がぬるいと感じて寒いのか、熱いと感じて痛いのか、冷たいと感じてつらいのか——「同じ気持ち」になることです。

これが**共感**です。


では**立場**とは何か？

これは「味方」ってことです。

朝日新聞の人生相談を考える時の私オリジナルの方針なんですけども、〝絶対に相談者の味方になる〟ということを決めています。ここは絶対に譲らない。

というのは、新聞に相談が載ったら、読者は全員、相談者の敵なんです、基本的に。

相談してくる人に対して、この人の役に立ってあげようと考えてくれる人もいるんですけども、大体の人、ほとんどの人は「なんだ、コイツこんなことで悩んでて。バカじゃないの？こうすればいいのに」と、つい見下げてしまうんですね。

で、「なぜこんなこともできないんだ？　俺もこういうふうなことを考えたことあるけども、そのやり方ならダメだよ」と言ってしまう。

否定しちゃダメです。そうでなくて、味方にならないとダメなんです。でないと言葉が届いていかない。

「届いていかない」というのは、「相手に言葉が届かない」というのとは違います。

新聞に載せる回答は、相談相手だけを対象にしてるんじゃないんですよね。どの回答もそうなんですけど、その人だけに向けて書いてはいないんです。

相談している人の後ろには10万人ぐらい、同様の問題で悩んでいる人が絶対にいるはず。この10万人に言葉を届けるつもりで書く。

新聞という巨大媒体で答えるかぎり、その人オンリーの問題に答えるのではなくて、その背後にいる10万人の「同様の悩みを持っている／持っていた人」に対して答えるつもりで書かないと意味がない。そう思って書いています。

ピラミッドを描いて構成要素を図解する

たとえば、ある人がいます。その人は自分なりの特殊なそれまでの人生経験とか個性とか人間関係から、特定の人格を作ってきた。でも、それは日本人であって同じ時代に生まれているんだから、他の日本人とそんなに差違があるはずありません。人間であり、男であり、女であるから、わりと似通ったものになる。

アメリカ人らしさ、韓国人らしさ、中国人らしさ。言い換えれば国民性みたいなのってありますよね？　つまり同時代に同国家で生きていれば、悩みの奥底にあるものは通底しているはず。それに答えるべきだ、というのが僕の信条です。

余談ですが、僕がそう考えているのは、人間を上の図のようにモデル化して捉えているからです。

人間というのは大体いくつかの層でできている。ピラミッド型で表記するとこんなカンジ。

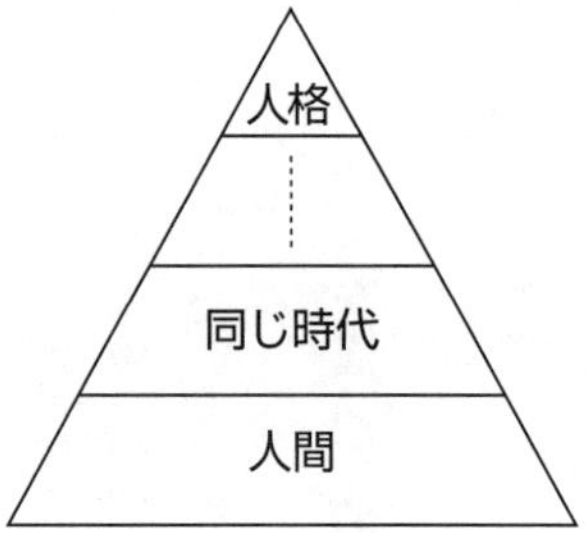

ピラミッド全体がその人全体。下の層から「人間なんだから」「同じ時代なんだから」「男だから」「女だから」……一番上が「その人独特の人生経験とか、個性」。
これが**ピラミッド**という考え方です。
僕は物事を考える時に、その構成要素は何かというのを、ピラミッド構造にあてはめて考えることがよくあります。どの概念や要素が上位で、どれが土台なのか。それを図解すると、本質がよく見える気がします。

ただし、いつでも使えるほどの万能器具ではありません。

さて、この編集者は「やる気が出ない。だから、いつもギリギリで仕事をやってしまう。でも、なんとかなっちゃう」と言ってます。

この相談も、相談文だけ見ていれば、その人個人の悩みでしかありません。でも「今どきそんな人いっぱいいるよ」と考えてみたらどうでしょう？

30代だけの悩みなのか？　女性だけの悩みなのか？　編集者だけの悩みなのか？

違いますよね。職業人であれ学生であれ、こういう悩みはあるはずです。つまり、さっき説明したピラミッドの下のほうに行けば行くほど、きっと日本中で100万人ぐらいが同様の悩みをかかえている問題になる。

それら100万人を個別に見たら、そりゃ職業も年齢も立場も違うでしょう。つまりピラミッドの上の部分は違って当たり前。でも下半分は、実はかなり似てるんじゃないかな。

人間というのはそんなに違わないですよね。

だから、他人の悩みを私たちは理解できるんです。

自分の中の「小さい相談者」＝共感と立場（2）

もう少し共感と立場について説明します。

なぜ私たちは他人の悩みを理解できるのか？　前章の「彼氏のケータイを盗み見た女性」も「やる気が出なくて困ってる編集者」も、同じ経験がなくても、その悩みは理解できる。

理解できるのは「同じ時代に生きる日本人として、なんとなくわかる」「同じ女性としてわかる」「同じ職業人としてわかる」ということ。これを僕は「自分の中に、同じ人がいる」と呼んでいます。

私たちの中に「小さい編集者」「小さい元カレの言葉に悩む女性」が住んでいる。

だから、私たちの中にいる「小さなその人」に対して回答すればいい。

ついつい僕たちは、相談をしてくる〝弱い人〟に、自分は解決法がわかる〝強い人間〟の立場として答えてしまう。悩みというのを外側に出して、自分と関係ない問題として扱っちゃう。

でもそれではダメなんですね。

相談を読んだら、まず「あ、気持ちわかるな」とか、「そういう悩みわかるな」と感じてみる。

かならず自分の中に「小さい相談者」がいるはずだから。

それに対してちゃんと回答してあげることです。

思考ツール**共感と立場**の本質を、僕はアナロジーで〝相談者と同じ温度の風呂に入ること〟と説明しました。風呂に入らずに質問に答えてはいけない。相手の「寒い」「熱い」「痛い」「つらい」を、まず自分が実感してから考えはじめましょう。

先に進みましょう。

相談者の悩み「やる気が出ない」に**共感**しました。その次の段階は前章で使った**分析、仕分け**です。

これを使ってみると、この人、実は〝問題がない〟のがわかります。

相談を読んだ印象に騙されてはいけません。

たとえば前章の女性、彼氏のケータイを盗み見た女性の場合は「心が苦しいとか、自分の中でまだ割りきれないモヤモヤがあるからなんとかしたい」という悩みがちゃんとある。

でもこの編集者は「今はなんとかやれてるんだけど、もっと効率がいい方法はないでしょうか」と聞いてるわけです。

実はこの人、根本的には〝問題がない〟んです。

この〝問題がない〟ということをはっきりさせなきゃいけない。

悩みとは複数の問題がこんがらがった状態である

いきなりですけど、〝悩み〟とは何でしょうか？

「複数の問題がこんがらがった状態」

これが〝悩み〟です。

個々の問題は単純なんですね。でも、それらがこんがらがってしまう。こんがらがって互いにリンクして、まるで解決も考えるのも不可能に思えてしまう状態。それが〝悩み〟です。

たとえば、ですよ。

「お腹がすいた」

「お金がない」

「人にお金を借りるのは恥ずかしい」

これら個別の問題がこんがらがると、

「お腹がすいてご飯食べたいんだけど、お金がない。でも、誰に借りに行ったらいいんだろう。人にお金借りるなんて恥ずかしい。どうすればいいんだろう」というふうに、同じ問題を何度も考えてしまいます。

「それにしても、お腹がすいた。でも、お金がない。誰かに借りに行かなきゃ。でも、誰に借りたらいいんだ。恥ずかしいし。でも、お腹がすいた。このままだったら病気になってしまう」と、ぐるぐるぐるぐるぐるループし始める。

分解していけば個別の問題は、「お腹がすいた」「お金がない」「恥ずかしい」というだけです。

もし、この〝悩み〟を因数分解するように分解してしまえば、解決可能なポイントがはっきりします。

「お腹がすいた」↓無料で食事するには？ スーパーやデパ地下で試食する？ パンぐらい恵んでくれそうな知人はいないか？ 小麦粉や米など部屋にないか？

「お金がない」↓今すぐブックオフに売れる本はないか？

「お金を借りるのは恥ずかしい」↓恥ずかしがらずに借りられるのは？ 親に電話してみる？

これが**仕分け**です。はっきりすれば対処できるんです。

個別の「問題」に戻すこと。複数の問題を混ぜてしまって〝悩み〟に進化させないこと。

これが〝悩み〟に対する最短アプローチです。

では、もとの相談に戻ります。

この人、実は〝問題がない〟。でも〝悩み〟はある。

悩みの理由、最大のこんがらがりは何かというと、「今のままではダメだ、と勝手に自分で込んでいる。

思っていること」なんです。

「もっと効率がいい方法があるはず」と思い込んでる。ここが最大の問題点だったんです。

「この方法では実はダメなんじゃないか。いつもこの方法で解決してしまってるけど」と思い込んでいる。

この余分なコンプレックスがあるから、たぶん周りに対して、いつも「次からはもっと早くやります」とか、「こういうやり方ではダメなんですけどね」とか、もしくは「すみません、こんなやり方で。私、これしかできなくて」というふうにいっぱい言い訳をしているはず。

こんな言い訳してるから、被害は余計に増える。

ギリギリに仕事をして周りに迷惑をかける「本来の迷惑度」を10迷惑とします。

すると、周りに「次こそ、スケジュールを守る」と期待させたり、もしくは変な言い訳をすることによって、10で済むはずの迷惑度を、この人がわざわざ自分で15とか20に上げちゃっている。

必要なのは、「自分のやり方でかまわない」と自分にゴーサインを出すことです。

もちろん、本来の迷惑度は減りません。

彼女が周りにかけている10迷惑を8とか5に減らそうというのではないのです。

10迷惑をかけて、そのことに関してコンプレックスを持つことによって、おそらく迷惑度が

15とか20に増えてしまっている。しかも、迷惑度が15とか20に増えることによって誰一人得をしていない。

本人すらもコンプレックスを持つことで損をしている。

じゃあ、それを本来の10の位置に戻しましょう。それでかまわないじゃないですか？

本人は「このままじゃダメだ」と思ってるだろうけど、本当にそうだろうか？　世界中が敵に回ろうとも、たとえ本人が自分自身を否定しようとも、絶対に相談者の味方、というスタンスを崩さない。

それが**共感と立場の立場**です。

味方になるとはどういうことか

相談者は間違ってない。絶対にこの人の味方になる、そう心に決めて、もう一度相談文を読んでみてください。

この人が人生を改良する余地、あまりないでしょう？

現に今までもうまいことやってきている。

もしそれでごまかしきれないほど何かまずいことがあったら、この人は自分でその解決策を見つけられると思うんです。

新聞の人生相談で相談されて、何か言葉として返せること、具体的なアドバイスは、「現状で良し。必要以上にこじらせるな」ぐらいなんです。

複数の問題がこんがらがっているところを、さらにこんがらがらせても仕方ない。「モチベーションを上げるため、以下の方法を試しなさい」といって課題を与えたりすると、それができないでさらに落ち込むことになりかねません。

今の彼女の苦しさを増やしても仕方ないですよね。

目指すべきは、本来の10に戻す。そのために、彼女のやり方を肯定してみる方が、考え方としては役に立つのではないかなと判断しました。

前章の1回目とこの2回目の相談に答えることで、自分のスタイルというのがほぼできたなと思いました。

第1回「彼氏のケータイを盗み見たら……」という相談そのものに答えるのではなくて、相談内容を一度疑ってみる。「実は何を相談しようとしてるのか」を推理し、こんなことが聞きたいんだろうと予測してそれに答える**分析**、**仕分け**という方法。

第2回は**分析**を応用しました。

「モチベーションを上げるやり方とかスピードアップの方法」について相談されたけど、それは分析せずに、かわりに、その人が持っている問題自体を**分析**しました。

分析の結果、この女性編集者が、被害総額を自分で何倍にも増やしていることがわかった。

そこで**共感と立場**。

「みんな同じだよ。ギリギリまでやる気が出ないのは当たり前だよ」「周囲に謝って約束して、また守れないのは辛いよね」と共感する。

「彼女には何ができるのだろう？　彼女が今よりも少しでも苦しくない方法は？　それでいて、ちゃんと実現可能な方法は？」と〝味方という立場〟で考える。

ギリギリまでやる気が出ない。だからこんな損をしている。

これをゼロにしようと考えると失敗してしまう。現実生活での問題解決でも、人生相談でも。

そうではなくて、本来のマイナス10に戻す。悩むこともやめさせて、周りを期待させることもやめさせる。

「本来のマイナスでもかまわないじゃないか」「今までちゃんと仕事はやってこられたんだから、それでいい」と考える。これが「味方になる」です。

相談の1回目と2回目の思考方法で、「悩みのるつぼ」回答のスタイルができた、と自分でも思いました。

なので、第3回の相談はわりと気軽に考えて答えることができました。

私って「愛人体質」なのかな？……◆相談者―派遣社員／20代 ２００９年5月30日／朝日新聞／朝刊

「愛人体質」って本当にあるのでしょうか。あるとしたら、どんな性質を言うのですか。

30歳前の独身女性です。同じ部署の既婚の40代の男性と1年間付き合っていました。

昨年の秋、突然「奥さんにバレたから、もう付き合えない」と言われ、一方的にフラれた形になりました。あとで考えると、いろいろと疑わしいことも多く、新しい彼女ができたのだと思いました。

深く傷つき、しばらくはショックでした。既婚者と付き合った後悔ばかりして、「もう無駄なことをしている時間はない」と思っていました。

そんな先月、さわやかな30代前半のイケメン既婚男性が異動で同じ職場に来ました。すごくやさしい態度で接してくれて、先日初めて飲みに誘われて一緒に行くと、話をなんでも聞いてくれるんです。

そのうち、だんだん惹《ひ》かれ始めた自分に気づきました。いまはまだ深い関係ではないけれど、この調子だと、「今後、きっとなにかある」と思えて、友だちにもそう話してしまいました。

あれほど後悔した自分がウソみたいで、自分で自分がわからない状態です。頭ではわかっているのに、自分から進んで泥沼にまた入っていくようで。

そんな折、彼に「君は愛人体質だ」って言われました。男の人から見ると、そういう体質がわかるのでしょうか。


その通り。はい、この人、騙されてます。

典型的な「男の口車」に乗せられています。

でもね、たぶん、この人もわかってるんですよ。もう30歳近いんだし、バカじゃない。「愛人体質」とかの問題じゃなく、いま彼女は恋愛したいんです。目の前の「さわやかな30代前半のイケメン既婚男性」と恋愛するのになにか言い訳が欲しい。だから「愛人体質」みたいな言葉にでもすがろうと思ってるだけなんですね。

だけど、彼女にそれをストレートに言ってもしかたがない。「愛人体質とかあるわけないよ。バカじゃないの？　目を覚ましなさい！」って言っても、きっとそんなことは周囲に言われてるだろうし、なにより本人はもう知っている。

それよりも、目の前の恋を「どう見るか？」という視点の変更のほうが、わかりやすいかな、と思って回答を書き出しました。

◆回答者─岡田斗司夫

「愛人体質」なるものは存在しません。

あなたに必要なのは「愛人能力」が自分にあるかどうかの判断です。

1　精神……愛人は自分自身のうしろめたさだけでなく、彼の家族からの非難・周囲の白い眼を、仕方ないと冷静に受けとめなくてはなりません。つまり「心の強さ」が第1の能力です。

2　金……愛人に終身雇用はありません。恋愛感情の終わりイコール関係の終わりです。正妻と違い、法的な保障もありません。彼以外の収入源や生き甲斐など、一人で世の中を生き抜くスキルが必要。つまり「生活力」が第2の能力です。

3　頭脳……愛人に平凡だけど心安らかな人生はありません。彼がいつ、奥さんのもとへ戻るか、新しい愛人を作るかわからない中で、彼の体と心をつなぎとめる。そんな戦いを楽しめること。攻め時と引き際を常に意識して最適の行動をとる。つまり「戦略眼」が第3の能力です。

いかがでしょうか？　あなたにこんな愛人能力があれば、常に新しい危険な恋に身を投じる人生を選ぶのも良いでしょう。もし今の恋愛が終わっても、泣くだけ泣いた後、さっさと次の男を探しましょう。

愛人とは、ここまで強くなる自覚と覚悟があってはじめて、「安定しないけど幸福があるかも知れない」とのぞめる難易度高めコースなのです。

あなたはどうでしょうか？

優しくされたから好きになる。振られたから既婚者と付き合ったことを後悔する。

残念ですが、愛人能力が高いとは言えません。

能力が低いのに、リスクの高い恋愛に手を出しても、幸せにはなれません。破綻《はたん》時のダメージもご存じの通り、かなり大きいです。

自分に見合った生き方をするか、または「愛人能力」をちゃんと身につけてから行動に移してください。首尾良く「愛人能力」を身につけたら、「君は愛人体質だ」なんていうお安い口説きに引っかかることもないはずです。

ちなみに、「愛人を持つ」側には、男女を問わず体質というか特徴があります。

1　恋愛程度では、自分の人生がゆるがない「仕事人間」である。

2　妻にも愛人にも友人にも、心の底は出さない・出せない。

3　やりたいことは全部やる、欲張りである。

彼もそういうタイプじゃないですか？　よく観察しましょう。

書きながらイヤになりました。
僕はどうも「愛人を持つ」体質みたいだからです（笑）。

ステージ3　難問を解いた先に見えた、マイナスの世界

1回目と2回目の相談・回答で、自分なりの「悩みのるつぼ」のスタイルができた、と思ってました。

そしたら連載4回目で、いきなりすごい難問がやってきました。

いや、最初は僕もそんな難問とは思いませんでした。単に中年夫婦のよくあるケンカじゃないか、と油断していました。

しかし、相談文をよく読んで、ゾッとしました。

「禁煙プレゼント」も裏切られ……◆相談者―主婦／46歳　2009年6月27日／朝日新聞／朝刊

46歳の主婦です。結婚25年の夫の喫煙のことで、ストレスを感じています。

5年前の結婚記念日の前日、わざわざ会社から電話で、「明日は結婚記念日だけどお金がな

いから何も買えない。その代わり、お前が一番喜ぶプレゼントを考えている」と告げられました。当日に「禁煙したから」。

私はたばこが大嫌いなので、私にとってそれは、以前から何よりも望んでいた、本当に一番のプレゼントでした。

ところが、3カ月もたたない間に、また吸い始めました。追及すると、会社の飲み会で「1本くらい大丈夫やろ?」と勧められたと言うのです。

長年喫煙していた私の父は、心臓病を患って63歳で他界しました。夫の父も、狭心症になったのをきっかけに禁煙。そのときの病院の先生の「息子さんも今から禁煙された方が良い」という忠告も聞かず、亡父のようになって欲しくないと私が言っても「ほっといてくれ」と逆ギレされる始末でした。

だから禁煙のプレゼントはうれしく、それだけに禁煙破りのショックは尾を引き、そのことでケンカする夢までみます。

その後は禁煙する気配も全くなく、最近は「離婚」の2文字が浮かび始めました。家族思いの人なのですが、約束破りによる、心のわだかまりが取れないのです。喫煙で、そこまで考える私は変なのでしょうか。

《「明日は結婚記念日だけどお金がないから何も買えない。その代わり、お前が一番喜ぶプレゼントを考えている」》
　で、「禁煙した」と言われたと。
《それだけに禁煙破りのショックは尾を引き、そのことでケンカする夢までみます》
ケンカする夢までみます、ということは、実際にはケンカしてないんですね。
仲が良いなぁ、おのろけだなぁ、とノンキに相談文を見ていました。
《その後は禁煙する気配も全くなく、最近は「離婚」の2文字が浮かび始めました。家族思いの人なのですが、約束破りによる、心のわだかまりが取れないのです。喫煙で、そこまで考える私は変なのでしょうか》
　ここ、すごく気になったんです。
《喫煙で、そこまで考える私は変なのでしょうか》
　確かに変な気がします。
《ケンカする夢までみます》＝普段はケンカもしない、ということでしょう。
そこまで仲がいいのに、いきなり離婚が出てくる。
なぜこの奥さんはそこまでショックだったんだろう？　と考えてみました。
なぜ嫌いでもない、仲のいい夫との離婚まで考えてしまうんだろう？

考えて考えて、分析して、もう一度読み直して、僕はやっと正解にたどり着きました。

思わず、あっと叫んで背筋が寒くなりました。

この相談文に書かれてない悩み、彼女の本当の相談とは、「恐怖」だったのです。


さて、あなたならどう答えますか？

自分なりの回答を考えてから、回答編を読んでみましょう。

◆回答者―岡田斗司夫

不安の解消には、2通りの方法があります。

一つは、不安の種を解決する方法。

この場合、夫に禁煙を再開させることです。でも25年間あなたが精いっぱい努力してもダメだったわけです。あきらめた方が良さそうですね。

もう一つは、不安の正体をはっきりさせ、真正面から見つめ、覚悟を決める方法。

自分の心の中だけで出来るので、必ず効果を発揮します。今回はこちらの方法を試してみましょう。

「夫は喫煙が原因で、いずれ死ぬ」

こう覚悟を決めて下さい。

私もあなたも医者ではありませんから、死ぬのが1年後か10年後か、はたまた100年後かはわかりません。でも、あなたの夫は喫煙が原因でこの世を去るのです。

数年後か数十年後、医者から告知される前に、あなた自身が自分に告知しましょう。

そして、夫の死に対して、あなたは何もできません。もっと生きられたかも知れないけど、禁煙もさせられなかった。

この二つの事実、「夫はいずれ死ぬ」「夫の死に対して私は無力だ」を、よ〜く嚙《か》みしめてください。

これが今回、必要な覚悟です。ここさえ通り抜ければ、ずっと楽になります。

夫が死ぬことを防げない。それなら、あなたはどうしたいでしょうか？

いまさら禁煙しても既に手遅れだし、どうせしてくれないのです。残り少ない余生の夫と、ケンカをしながら、小言を言い続けながら暮らしたいですか？

そんなことはないはずです。どうしても気が済まないなら、死ぬ間際に「ほーらね？」と言ってやるだけで十分でしょう。

それより、2人で旅行など、思い出作りしませんか。夫にはナイショで、内心「もうすぐ死ぬのに、気づいてない」と同情してあげましょう。

毎年、今年が最後の花見かも、最後の誕生日かも、最後のクリスマスかもしれない。そう思って過ごせば、人生が何倍もドラマチックになるはずです。

異常が発見される前に生命保険に入るのも、いいでしょう。「死ぬかもしれない」と思うから不安なのです。「死ぬ」と決めつけて対処しましょう。

夫の残り少ない（？）人生、それを2人や家族で、精いっぱい楽しんでください。死への不安や余計な責任感で、残り少ない（？）夫の余生を曇らせないよう、祈っています。

マイナスを減らすとはどういうことか

相談文に書いてない行間を読むと、彼女の「書きたくない相談」が見えます。

自分の夫は今、徐々に徐々に死のうとしている。

父親もタバコを吸って、心臓病で死んだ。私も家族も、父が死ぬのを止められなかった。

夫のお父さんも狭心症で禁煙を命じられた。つまり夫の家系もタバコに弱いんだ。

そして今、私の夫はタバコをやめられない。

きっと父と同じように、この人も死ぬ。私はそれを止めることもできず、近くで見ているしかない。

まるでホラー映画の主人公です。

通路の奥にゾンビがいる。でも信じてくれない。みんな笑いながら、「大丈夫だよ」と通路の奥に行こうとしている。自分だってゾンビなんてバカらしいと思っていた。でもゾンビはいる。そして私にはみんなを止められない。

彼女はずっと、そんなホラー映画の主人公のような気持ちで夫と暮らしていたんですよ。

彼女にとってタバコとは、ただの悪癖ではない。

「健康に悪いから控えましょう」という程度のものじゃないんですよね。

それは彼女の父を殺した死神です。

彼女にとって、タバコを吸うということは慢性的な自殺行為、死神を呼び込む行為なんです。

その自殺行為をやめさせることができなくて、ずっと暗い気持ちだった。つらいので、もう考えないようにしていた。忘れようと、心を鈍感にしていた。

だってタバコなんて誰でも吸ってるじゃないですか。それでムキにならなくてもいいはず……。

でもある日、「結婚記念日だから俺、タバコやめるよ」と言われて、すっごいうれしくなっちゃった。その言葉を信じてしまった。もう安心だと、心の蓋を開けてしまった。

これまで心の暗闇に閉じ込めていた「夫の死」という恐怖を、明るい世界に解き放った。だって夫は「タバコをやめる」と言ってくれたから。

その「うれしくなっちゃった」の反動で、今は離婚まで考えてる。一度、安心して心の蓋を開けてしまったから、また意識せずにはいられない。夫に禁煙を持ちかけると逆ギレされる。タバコなんて誰でも吸ってる。それでムキになるなんて、お前のほうがおかしい。

夫にそう言われると、もう言い返しようがない。

父の時と同じだ。この人が自分自身を殺すのを、私には止められない。

たぶん彼女は、夫の人生に対して強い責任感を持っているんです。

責任感を持っているからこそ、ケンカするのが夢の中程度、というぐらい仲がいいのに、いきなり離婚になってしまう。

これ以上はつらくて夫の近くにいられないから。

夫がゆっくりと自分を殺す方向、死に近づいていくことに対して自分は何も手が打てない、無力であるという、この「無力感」こそが、彼女が感じてる恐怖の本質だと考えました。でないと、離婚の二文字が浮かぶわけがないんです。

そこまで悩む必要がない。

《喫煙でそこまで考えてしまう私は変》ではなくて、目の前で夫がゆっくりと死のうとしている、その現実にこの人は耐えられない。

夫が好きだからこそ、それを止められない自分の無力感に押しつぶされそうだからこそ、この現場には1秒だっていたくない。
たかがタバコ。そう考えているから、夫はやめてくれない。
だから逃げたい。だから離婚を考える。
ここまで考えて、やっと彼女の感じている恐怖や絶望が理解できました。
世の中に夫の喫煙を嫌がってる妻は多いと思います。
けむたいから、身体に悪いから、自分の身体にも悪影響があるから。
でも数パーセントの妻は、こう考えているのかもしれません。
「夫が自分で死期を早めてるのを見るのがイヤだから」

じゃあ、僕はどう助言できるのか？

《「夫は喫煙が原因で、いずれ死ぬ」こう覚悟を決めて下さい》
この1行です。
これが今回の回答のすべてです。
《不安の解消には、2通りの方法があります。一つは、不安の種を解決する方法》
これは禁煙させることですね。

《もう一つは、不安の正体をはっきりさせ、真正面から見つめ、覚悟を決める方法》

夫はいずれタバコのせいで死ぬ。このストレスをマイナス100と考えます。

それに関して「自分がなんとかできるんじゃないか」「やっぱりダメだ」と思って無力感を覚え加算された結果、ストレスはマイナス150とかマイナス200に増加する。

本来のストレス、マイナス100に戻すこと。これが僕の処方箋です。

どのように助言しようとも、人生相談を受けて新聞で答える方式です。この人の問題自体を僕が実際に解決することはできない。

そうではなくて、いかにその問題を「本人が耐えられる程度に軽くする」のか。今回はそこに焦点を合わせて回答を考えました。

幸福に生きるのに必要な「信じたいウソ」を否定すべきでない

本当は、こんな消極的な回答はつらいんですよ。

たまに、「こういうふうに考えればいいよ」と〝補助線〟を引くだけで、パーンと目の前が晴れて「なるほど！」となることもあります。複数の問題がこんがらがっているだけで、たまたま本人が気づかない場合で、それは書いているほうもすごく気持ちがいいんだけど、本当にたまにしかないんです。

ほとんどの相談はそんなに簡単に「解決」しません。

相談者が感じている苦痛、それがマイナス10だとすると、それを7にする。マイナス10の問題をこじらせて20にしてるんだったら、元の10に戻す。

それぐらいしかできない。

それぐらいだけど、それをちゃんとやって、苦痛を減らす。これ、すごく大事だと思うんです。

さて、この「禁煙プレゼント」の女性の場合です。

まず彼女に、「夫はタバコが原因でいずれ死ぬんだ、それは自分にはどうしようもないことなんだ」ということを告知する。残酷なようですが、他人の言葉ではっきり言われて意識したほうが、今の生殺し状態よりマシだと考えました。

今のストレス200をゼロにしようとは考えない。この部分さえくぐり抜ければ、ストレスは本来の100に戻る。

「それでもまだ、夫の近くにいたいのか」「そんな現実からは逃げて、さっさと自分一人になりたいのか」ということを考えてもらいます。

これを一から書いたら、ものすごく長くなってしまうし、説教になっちゃいます。

なので工夫して「不安の解消には2通りあります」と端的に切り込むことで、この人の気持ちにまで一気に近づけるようにしました。

とにかく中心の1行がショックなので、全体をニヒリズムに近いぐらいの「乾いた感情のテイスト」で統一しました。

「夫が死ぬ、ということは仕方ない」

「でも、それは誰でもいっしょだ。タバコを吸わなくても交通事故で明日、死ぬかもしれない」

「この世で一番大事な人もいつか死ぬ。それに対して自分は徹底的に無力だ」

誰もが、心の奥底で知っている「この世の真実」です。

でもそんな真実、僕たちが幸福に生きるのにちっとも役には立ちません。

幸福に生きるのに必要なのは真実ではなく、「信じたいウソ」です。信じたいウソ、つまり「夢や希望」が見られなくなった時、僕たちは生きる気力までなくしてしまうんですよね。

回答文のラストの段落には、まるで無責任に「この状況を楽しんでみましょう」と言わんばかりの文章が並んでいます。

《夫の残り少ない（?）人生、それを2人や家族で、精いっぱい楽しんでください。死への不安や余計な責任感で、残り少ない（?）夫の余生を曇らせないよう、祈っています》

彼女だって、夫が肺ガンで今日明日に死ぬとは思ってません。だからこそ「残り少ない（？）夫の人生」と書くことで、ほんの少しでも「そこまで言わなくても」「別にすぐ死ぬわけではないし」と思って欲しかったんですよね。

それが彼女が信じるべきウソ、信じたいウソ、夢や希望だからです。

ステージ4　壮絶な悩みほど、解決の糸口はみつけやすい

連載5回目、「岡田さん、大変な質問が来ました」という編集者のコメントつきで、こんな相談が来ました。

仮題が「壮絶、シングルマザー」。

そんなに？　と思って読んだら、たしかに壮絶でした。


マンションを追い出されます……◆相談者―シングルマザー／27歳

2009年7月25日／朝日新聞／朝刊

私は27歳で、7歳の男の子がいるシングルマザーです。

中絶する予定の前日に実家から逃げ、一人で子供を産み育ててきました。息子は元気で明るく、家事を手伝ってくれます。ただ勉強を見てあげられず、勉強嫌いになりました。私は昼夜

働いていますが、それは子供とずっと一緒にいることが怖いからです。私がハイハイの時に両親が離婚、3歳の時に新しい母親が来て虐待され続けました。虐待された子は虐待する可能性があるって聞いて怖いんです。

高校卒業後、寮付きの派遣の会社に入りましたが、休日に皆で遊びに出かけた帰り、上司に唇にキスされたショックで退職。夜の仕事が本業になり、じきにお客さんの子供ができました。私に結婚する気が全く無く、認知もしてもらいませんでした。でも子供が3カ月の時、私が入院している間に彼は浮気して、私の貯金を全部持って失踪《しっそう》しました。縁が切れて良かったと思います。

子供には父親は交通事故で死んだ、と言っています。いまは愛人のような形で生活を助けてくれる相手がいますが、マンションのローンをちゃんと払っておらず、あと3カ月で出ていかなければならなくなりました。

遺産問題でもめて、ずっと連絡しなかった両親に「助けてほしい」と頼んだら、「自分の責任」と。その通りですが、どうすればいいのかわかりません。

正直な話、最初は「こりゃ僕にはムリだ。こんな深刻な悩みには答えられないよ！」と思いました。

《いまは愛人のような形で生活を助けてくれる相手がいますが》

もうここ読んだだけで、すごいなと思っちゃったんですね。

《マンションのローンをちゃんと払っておらず、あと3カ月で出ていかなければならなくなりました。

遺産問題でもめて、ずっと連絡しなかった両親に「助けてほしい」と頼んだら、「自分の責任」と。その通りですが、どうすればいいのかわかりません》

ここまで重たくしんどいの、どう答えればいいんだ。

とにかく、なにか役に立たなきゃいけない人生相談なわけですから。

こんなもん女の味方・上野千鶴子か、もしくは「人生は地獄ですから耐えなさい」という車谷先生の担当でしょ？

少なくとも俺じゃない！

そう思ったんですよね。

ところが、なぜか相談には「ぜひ岡田先生にお願いします」と書いてあったらしい。指名されたら受けるのがプロです。

で、どうしようと迷いました。

結論から言うと、僕も「悩みのるつぼ」にはまり込んでいた。編集部の書いてきた「壮絶、シングルマザー」というタイトルや、「大変な質問が来ました」というコメントで、慌ててしまって冷静に分析するのを忘れていた。

複数の問題を同時に処理しようとして、僕自身がこんがらがっていたんですよ。

相談文の〝不幸の連続技〟に負けて、つい迷い込んでしまったんですよ。

さて、あなたならどう答えますか？

自分なりの回答を考えてから、回答編を読んでみましょう。

◆回答者―岡田斗司夫

悩みとは「複数の問題で、頭の中が散らかった状態」を言います。

部屋の中が散らかっていて、どこから片付けていいかわかんない。そんなとき、必要な行動は「整理するために、いま必要ないものは捨てる」です。

相談は、五つの段落に分かれています。実際に紙面を色鉛筆などで囲んで、それぞれの段落を区分けしてください。

では整理、部屋のお片付けです。悩むのは後回し。

第1段落は自己紹介。今の問題には関係ないので捨てます。

第2段落の問題は「7歳の息子が勉強嫌いで、育児に自信がない」です。それ以外の部分は捨ててかまいません。

あなたは虐待されて育てられた。でも子供が7歳になる今まで虐待してないんですよ。元気で親思いの良い子に育てられたのです。自信を持って大丈夫。

勉強嫌いの原因は、あなたが勉強をみてあげられなかったせいとは限りません。ゲームやTVの方が絶対に面白いし、たいていの7歳児は勉強嫌いです。

第3段落と第5段落は「すでに起きてしまった、どうにもならないこと」です。いずれ余裕ができたら考えることにして、とりあえず捨てましょう。

第4段落の問題は「住む家がなくなる」です。これこそ、あなた自身が動かないとどうしようもない「具体的な問題」。途方に暮れている場合ではありません。住む場所を探しましょう。まず不動産情報。夜、仕事が終わってからでも、ネットなら調べられますよ。保証人については、今の愛人は頼りになるのか、もう一度吟味しましょう。

なによりも、ぜひ役所の福祉課で相談してください。地域によって違いますが、母子家庭に対する様々な支援が用意されているはずです。母子アパートに入れる場合もあるし、都営住宅の抽選なども有利になります。補助が出る場合もあります。

収入を増やす努力もするべきです。水商売は今でも続けておられるのでしょうか？　まだ20代ですから、当分がんばれますよね。しっかり働いて収入を増やし、子供と自分の将来のために貯金もしてみましょう。

深い悩みへの対処法は「解決可能な問題しか考えない」です。いま、あなたが考えるべきは「自分の稼ぎで住める場所を探す」だけのはず。

前だけをしっかり向いて、がんばってください。

解決可能な問題を仕分ける

冷静に考えれば、これ全然むずかしい質問じゃなかった。

あんがい簡単なんです。相談文の中で〝解決可能な問題〟はどれだろうかと**仕分け**してみれば、すぐわかります。

深い悩みに落ち込んだ場合や、「もうどうしようもない」というジレンマに陥ってしまった場合、僕がいつも使う方法を紹介しましょう。

その悩みを、三つに分けるんです。

1　今すぐ「私が」手を打たなければならない問題
2　年内に「私か誰かが」手を打たなければならない問題
3　「人類が」いずれ解決せねばならない問題

この三つです。

たとえば「どうして人は争うんでしょう」という悩み。これだって立派な悩みです。

でも、これは人類が手をつけるべき問題であって、「今後100年の間に解決すればいいな」という類の問題なんですね。

それとは反対に、「どうやれば来週のローンの支払いができるでしょうか」という問題。これを解決できるのは「私」だけ。そして期限も決まっている。

これは「今すぐ考えるべき問題」なんです。

よくある悩みで「本当に私がしたいことは何でしょう」。

これは年内に考えれば充分。ひょっとしたら来年になっても答えが出ないかもしれない。だから「ローンの支払いが迫っている、今という瞬間」に考える必要なし。

この三つは、それぞれ、フェーズっていうのかな、段階が違う問題です。なのに同時に考えて、それらを関連付けているから、複数の問題がこんがらがってしまう。

その結果、悩みが発生しちゃった。

「問題」は、対処できます。

でも、複数の問題がこんがらがった「悩み」に育つと、手が付けられなくなってしまいます。

三つのフェーズの問題は、もちろんどれも大事な問題です。

「人はなぜ争うのか」とか「男女の間に友情は成立しないのか」というような、人類がいずれ解決しなければいけない問題も、放っておいてよいわけじゃないです。

悩んでいる限り本人の問題ですから、いずれ本人なりに回答を出さなきゃいけないんです。

でも、少なくとも悩みがこんがらがっている場合は、同時に考えるのはやめたほうがいい。

それを考えることによって頭のキャパシティがいっぱいになっちゃうからです。

同様に「私は本当は何がしたいんだろうか」という類の悩み。

そういうゴールのイメージを持つことは大切ですから考えたほうがいいんですけども、すでに複数の問題がこんがらがって悩みになっている状態では、とりあえず考えないほうがいい。

問題がこんがらがる、というのは文字通り、コードがこんがらがるような状態。それらをほぐしていって1本ずつ元をたどんなきゃダメなんです。

「今すぐ回答すべき問題」と「別にあとでもいい問題」と「もう終わってしまったんだから後悔するなり反省するなりして自分の中で決着させる問題」というふうに**仕分ける**。

問題にマーカーで色分けして分解する

さて、相談文に戻ります。
僕は、具体的にこの人の問題にマーカーで本当に色をつけて分解してみました。
《私は27歳で、7歳の男の子がいるシングルマザーです。中絶する予定の前日に実家から逃げ》
これ、実は今回の悩みと関係ありません。
《一人で子供を産み育ててきました》
はい、偉いですね。でも、これも今は関係ない。
《息子は元気で明るく、家事を手伝ってくれます。ただ勉強を見てあげられず、勉強嫌いになりました》
これも関係ないですね。
《昼夜働いています》《子供とずっと一緒にいることが怖いから》
昼夜働いてる。母親業を逃げてる、と自分でも書いている。
問題があるような気がするんですけども、でも、家事を手伝ってくれる息子に育ったんだから、実は問題がない。
ここも忘れて大丈夫。

《私がハイハイの時に両親が離婚、3歳の時に新しい母親が来て虐待され続けました。虐待された子は、虐待する可能性があるって聞いて怖いんです》

トラウマ登場です。

でも、これも実は「今、この人が悩むべき問題」ではないから、外して大丈夫。

冒頭部にズラズラと書いている彼女の問題は、このように仕分けしてみると実は「今すぐ考えるべき問題」ではない、というのがわかりました。

「私ってこんなにつらい人間なんです」ということを訴えるための言葉なのです。

あまりに重たいのでついつい聞いちゃうんですよね。

でも、実は考慮に入れなくていい。同情すべきだけど、中身としてはスルーすべき。

《高校卒業後、寮付きの派遣の会社に入りましたが、休日に皆で遊びに出かけた帰り、上司に唇にキスされたショックで退職》

これも関係ない。

上司に唇にキスされたショックで退職したことは、「今さら」どうしようもないからです。

過去に起こって取り返しがつかないことは、これも問題外としてこれ以上は考えなくていいからカット。

《夜の仕事が本業になり、じきにお客さんの子供ができました》

これもいろいろ言いたいことはあるけども（笑）、今の彼女には関係ないからカット。子供ができて、その男の子がかわいいんだから、良かったじゃないですか。

《認知もしてもらいませんでした。でも子供が3カ月の時、私が入院している間に彼は浮気して、私の貯金を全部持って失踪しました。縁が切れて良かったと思います》

良かったんだから、これも悩みと関係ないからカットですね。

こうやって不要な問題を削除してみると、編集者が「壮絶、シングルマザー」と書いた彼女の悩みというのは、実は「終わったこと」とか、「関係ないこと」とか、「今さらどうしようもないこと」でほとんどが構成されてるんです。

じゃ、問題は何か。

《子供には父親は交通事故で死んだ、と言っています》

今のところはそれで充分でしょう。

《いまは愛人のような形で生活を助けてくれる相手がいます》

え〜と（笑）。それ、問題かもわかんないけど、とりあえず今は良し！

《マンションのローンをちゃんと払っておらず、あと3カ月で出ていかなければならなくなりました》

……え？

ちょ〜っと待ってください。

ここ、ここです！

ていうか、問題はここだけでしょ？

《両親に「助けてほしい」と頼んだら》、ダメと言われたわけですね。ふむ、じゃあやっぱりここだけです。

彼女が**フォーカス**を合わせるべき問題は何か。

「マンションをもうすぐ追い出される＝新しい住居を見つける」

ここだけを考えるべきなんです。

人が抱えられる問題には重量制限がある

でも、この人、考える時に余分な荷物を積みすぎてます。

人間の解決能力とか思考能力には限度があります。

解決能力や思考能力を、乗用車にたとえてみましょう。

人によっては解決力があったり、行動力があったり、思考力が強かったりして、4000ccの大型車みたいな人もいます。

人によっては心が弱かったり、実行力がなかったり、グズグズ悩んだりして、軽自動車ぐらいの人もいると思うんです。

積める荷物の重さは50キログラムから500キログラムまで差がある。それは人それぞれです。

とりあえず、人には「抱えられる問題の重量制限」があることだけは確かです。

それなのに、この相談者は物を考える時に「もともと私にはこんなトラウマがあって、こんな過去があって、こんなつらいことがあって」……と、2トンも3トンも荷物＝問題を載せてるんです。

その結果、動きが取れなくなってるだけなんですよね。

でも、問題点をあぶり出しちゃうと実は単純でした。

愛人生活をしているけど、マンションのローンをちゃんと払ってくれなくなった。多分そのマンションは愛人のマンションで、そこに住まわせてもらっていたのでしょう。

そのローンの支払いが滞って、出ていかなきゃいけなくなった。

夜の仕事を続けてるんだから、ちゃんとお仕事をする能力はある。今すぐ、食えなくなるわけじゃない。

そこだけ考えれば、彼女に解決可能な重さ、さっきの例で言うと100キログラムとか20

0キログラム程度の重さなんです。

でも考える時に、つい余計な荷物を載せてしまう。

「なぜこんなことになってしまったんだろう」

「なぜ私ってこんなにダメ人間なんだろう」

「それには理由があって、それは私が子供の頃虐待されたからだ」

「子供を中絶しようとする前の晩に……」

と、ザーッと以前からの悩みを棚卸しして、結局、悩みの重さを1トンとか2トンにしちゃっている。

だから、動けないんです。


悩んでいる最中は、まずひたすら分解しましょう。

そして、解決可能な悩みだけに**フォーカス**を合わせる。

「何ができるのか」という可能点を見つけるわけです。

なので、僕は回答の最後に
《今、あなたが考えるべきは「自分の稼ぎで住める場所を探す」だけのはず。前だけをしっかり向いて、がんばってください》

と書きました。

とりあえずそこだけにフォーカスを合わせてほしい、と伝えたかったのです。

世界が変わるような答えとは

まだこの回答を書いていた頃は、「いかに相手を励まして送り出すか」というのが僕の中で方法として確立してなかったんです。

「新聞の人生相談で毎回ちゃんと役に立つ回答をする。それで充分なはずだ」と考えていたんですよね。

だからこの時も、問題を仕分けして分類して不要な問題を外していって、解決可能な問題にフォーカスを合わせればなんとかなる、と思っていた。

で、最後になんとなく《前だけをしっかり向いて、頑張ってください》と締めくくったわけです。

回答を入稿したあと、なんとなく気持ちが悪いというか……。

変な言い方ですけど、「俺の回答には愛がねえな」というふうに思いました。ふっと考えこんでしまったんですよ。

岡田斗司夫は、本当にこの人が《前だけをしっかり向いて、がんばって》欲しいと思って書いたのか？

文字数が余ったから書いたのか、最後これぐらいやらないとおさめられないから書いたのか？

よくわかんなかったんです。

「愛」というのは何なんだろうな。

朝日新聞で人生相談に回答している僕とは、どういう人間で、何をやろうとしてるのか。何がやりたくて、どんなお役に立てるのか？

第5回「マンションを追い出されます」という、ある意味壮絶な質問に答えた時から、なんとなく僕の中に「これでいいのかな？」という疑問が芽生えるようになりました。

なんか、もっと「届く」ような答えを出したい！

読んでる人の世界が変わるような、少なくとも「変わって見えてしまう」ような答えを出したい。

そんな大それたことを考えるようになってしまったんです。

続く第6～8回で、僕は「できるだけ具体的に」「できるだけ論理的に」「実行可能なことのみ」で答えるように努めました。

でも、なにか心のモヤモヤは晴れません。

最後は「あなたが決めればいいんですよ」「こういうやり方・考え方もアリですよ」と相談者に判断を委ねてしまっている。

いや、別に僕は

「オレの言うことを聞け！　オレは絶対に正しい！　黙ってオレの言うことに従え！」

と言いたいわけではありません。

でも、以下のような回答では、「クレバーだけど、なんか届かない」という気持ちがあったのは事実です。

でも、これ以外に僕は答えが書けないよ。

そう思いながら、とりあえず論理的に、理性的に、できるだけ問題を分析して答えようと努めました。


20歳の娘がダッコをせがみます……◆相談者—主婦／50歳　2009年8月29日／朝日新聞／朝刊

20歳の一人娘のことで相談します。といっても日々悩んでいるわけでもなく、これでいいのかなあと思うことなんですが。

現在、大学2年生で一人暮らしです。勉強も、スポーツ系のサークルも、アルバイトもがんばっているようなのですが、帰省した折には、赤ちゃんのように甘えます。

夫が不在で私だけのとき、大きな体で「だっこ〜」と言い、寝るときは「お歌〜」と言うのです。私は、小さいときにしていたように膝の上に座らせて、向かい合って抱きしめて、背中をとんとんしてやり、昔、寝かしつけるときにうたっていた歌を、うたってやります。

小学校1年生のときに、校門の外まで迎えに行って待っていた私を見つけた娘が、駆け寄ってきて抱きつきました。その姿をクラスの男の子に目撃され、「やーい　赤ちゃん！」と言われたことがありました。それ以来、他人の前では一切そんなそぶりを見せませんし、父親に対しても、甘えなどみじんもありません。

思春期の頃は、少し反抗的で甘えてくることがなかったように思いますが、大学受験の頃から「だっこ〜」が復活しました。私としては、かわいい我が子ですし、不快に感じるわけではないのですが、自分自身は親に甘えた経験が無く、いい年をしてこんな風でいいのだろうかと思うのです。

◆回答者―岡田斗司夫

安心してください。あなたの娘は自立しつつあります。

もし自立してないなら、あなただけでなく父親にも甘えるはず。父親の目を盗み、あなたにだけ甘えるのが、「本当の甘え」ではない、なによりの証拠です。

いま、娘は一人暮らししてバイトもしています。本人の自意識では「ほぼ一人前」なんです。一人前の女性が母親に会うと、居心地が悪いので当たり前。自立した娘はあなたの家に帰省すると、微妙に居心地が悪い。

人間というのは「自分の居場所」がないと落ち着きません。だから娘は、あなたの家の中にはすでにない居場所を探して、それを「過去の時間・関係」の中に見つけた。

つまり「優しいママと、可愛い子供」ですね。

これは同窓会と同じ現象です。

同窓会では1歳年上の先輩があいかわらず先輩風を吹かせ、10歳も違わない先生から人生の説教を受けたりします。年齢を重ねれば、多少の年齢差などないも同然のはず。普段の生活ならママさん同士は何歳でも対等のお付き合いですよね。

なのに、同窓会ではなぜ昔の人間関係に戻るのか？

すでに何の関係もない赤の他人同士だから、居心地が悪いからです。他人同士だから、昔の関係を演じるしか共通点が持てないんですよ。

自立してしまった娘には、大学での生活が今の人生のすべてです。彼女にとって帰省とは、同窓会のように「昔の関係しか頼るものがない」という微妙に緊張感を強いられる行為なのです。

だから、一番わかりやすい「小さい女の子」を演じて、あなたが「優しいママ」を演じるのを期待するわけです。

ちなみに、人間が過去の関係を演じる理由は二つだけ。

「いま居心地が悪いから」「元のサヤに戻りたいから」です。

別れたはずの元カレがやたら親しげに話しかけてきたら、それはウヤムヤのうちに復縁を望んでいるから。

同じくあなたの娘も、大学やサークル、バイトなど「自立することのしんどさ」に嫌気がさして、「優しいママとの復縁」を望んでいるのかもしれません。娘が甘えてくるのは、この二つの理由の複合でしょう。

この紙面を見せて、娘との関係を動かすのも一策。しかし、あなた自身も「娘という他人」との関係を居心地悪く感じるなら、「母と娘ごっこ」を続けるのもアリでしょう。

《父親に対しても、甘えなどみじんもありません》

微塵《みじん》もない。ここが僕の引っかかった最初のポイントです。

この娘は単に甘えてるんではない。甘えてるんだったら、母親だけでなく父親にも甘えるはずだし、反抗期が終わってから甘えだすというのは変なんです。

では何をしているのか。

この娘、実家に帰った時に「何をしたらいいのかわかんない」んですよ。僕はこの問題の本質を「1軒の家に女は二人いられない問題」だと考えました。

娘が大きくなってきて、その娘が子供じゃなくて「女」になってしまった。

なおかつ母親も「女」のままだと。

すると、女の主導権争いが起こる。

仮説を立てて調査する

たとえば男性は「独立」します。

息子は大人になると父親と反発し、自分の立場や自分自身の家族を得ると独立します。世界中どの民族も、だいたい「息子は独立する」と決まっている。

それは男や女の性差か、というと違う。「豊かさの違い」であり、女性が経済的に自立できるような国では、ちゃんと女性だって大人になったら「独立」します。

女の子でも一人前になってきたら、「いや、でも、やっぱり一人で暮らしたい」と思うのは当たり前です。

1軒の家に「大人の女」は複数いられない。1軒の家に「大人の男」が複数いられないのと同じ、豊かな社会では当たり前の現象なんですね。

「そうじゃないよ。うちはすごい仲がいいよ」という場合は、リーダー以外が「大人の男・女」にならないようにしてるから。

または「物理的には1軒の家だけど、実際は複数の家族が一つの建物に住んでる」という状態だからです。

なので、この娘は家に帰って母親の前にいる時だけ、女ではなくて幼い娘という役に切り替えてるわけです。

すごくうまく演技している。そうしないとダメだと直感的に知ってるんでしょうね。


さて、この段階では、まだ「仮説」です。

本当に「1軒の家には女が一人しかいられない」のか？

同様のケースで、同じような行動パターンは存在するか？

これ以上は考えるよりも調査する段階です。会う人ごとに、「どう思う？」とどんどん聞いてみます。

具体的に「似たような問題を知らないか」とか、「似たような問題が自分になかったか」とか。


相談者の娘と同じ立場の、僕が先生やってる大学で学生たちに聞いてみました。すると田舎から出てきた子が、「あ、私も実家に帰ったらお母さんに『ママ』と言って甘える」と言うのです。

その学生は、下宿して大阪の大学に通ってるんだけど、長期休暇では実家に帰るわけです。

「甘えるのは、気持ちが子供に戻ってるの？」と言ったら、「いや、一回家を出てしまうと、もういきなりそこまで子供にならないと、帰った時にどうしたらいいかわからへんのですよ」

と言われました。

男子学生に聞いたら「大阪で一人暮らししてる時は何でも一人でできたのに、実家に帰ると急にできなくなる。これも甘えでしょうか？」という話になる。

なるほど、この「一家に二人、女はいらない」理論はアリかも。

この仮説が本当かどうかはわからない。ただし、この問題を考える〝補助線〟としては必要十分に使えるでしょう。

この娘がとっている行動の特殊性は、「大人が思う典型的な〝甘える行動〟だけをやっている」ことです。

もし彼女が幼児期に退行しているんだったら、周りの大人すべてに甘えるはず、もしくは父親を含めて甘えるはずなんです。

が、母親一人に対してだけ、二人きりの場面でのみの行動に限定されます。

つまり、この娘の行為は、男性がよくやる「赤ちゃんプレイ」みたいなものだということです。

では、なぜ男性が赤ちゃんプレイみたいなことをするのか。

どんな人間関係にも見られる演技性

よく言われるのが、「いや〜、男は甘えん坊だから」です。

それも正解なんですが、それがすべてではありません。

赤ちゃんプレイをする男は、その女性とどう対していいかわかんない時にする。そういう時に、「簡単にできる行動戦略」だからやるんですね。

たとえば、威張りん坊の男性とか社会的地位が高い男性は、誰に対してもきつい口調で話しますね。

それは彼が威張りん坊だからだとか嫌なやつだからではないんです。

人間というのは基本的に他人が怖い。

他人が怖いから、自分が切れるカード、典型的な戦略、一番楽な戦略一つだけを持ってきて、いつもそれで対応してしまうんです。

ある人にとってそれは、誰かれかまわず謝ることかもしれない。

何かというと「すみません、すみません、すみません、すみません」と謝る。よくいますよね、そういう人。

それは、彼または彼女が他者に対してとる戦略の中で、最も安全率が高くて楽だからです。

だから、とりあえず、ひたすら謝る戦略をとる。

同じように、誰かれかまわず威張る人間というのは、その人間にとって「他者に対して最も安全率が高くて楽なパターン」が威張ることなんです。

この娘の場合も、親に対してこういう戦略をとる、という「安全で楽なパターン」が、自分の中でできていなかった。

高校時代は彼女はまだ〝娘〟だった。だから「親に逆らう」「親の言うことを聞く」という〝娘〟という立場で行動すればOKだった。

しかし一人暮らしを続けた彼女は、いつの間にか〝大人〟になってしまった。

さて、一人の〝大人〟になった彼女が帰省する。するとなんだかヘンだ。居心地が悪い。〝大人〟の女性として、もう一人の〝大人〟の女性、つまり母親との距離感や関係が摑《つか》めない。仕方がないので、実家に帰って来た時には、少しヘンだなと思いつつも「甘える」「小さな娘になる」という安全で楽なパターンを選択したわけです。

母親に甘えて、それをまた母親が受け入れてくれるという関係が成立した瞬間に、「赤ちゃんプレイ」と似たような関係ができた。

男の人が「ママ、ママ、おしめ濡れた」と言うと、女の人がそれに合わせて「まあまあ、そうなのね」と言う、なんというか、気持ち悪いのか微笑ましいのかわかんないような関係ってありますよね。

それはどんな男女でもあるんです。

基本的に男性というのは女性に対して、何か甘える時にはプレイの形をとらないと甘えられないし、女性も、甘えられたらどういうふうに返していいのかわかんないから、過剰な演技で返してしまうんです。

実はこの演技性というのを否定すると、人間関係って成立しない。

恋愛というのは、基本的には――こんなところに大げさに書くようなことではないんですけども（笑）――「無意識化された演劇」だと思います。

だから僕らは、恋愛の時には「いかにも恋愛らしい」ことをやろうとするんです。

いかにもそれらしいところへ行って、いかにもそれらしい夕焼けを見て、いかにもそれらしく「まるで二人は恋人同士だね」みたいな目線を交わし合って、お互いが照れたりする。

恋愛の本質は演劇だからです。

恋愛が演劇でなかったら、それぞれ自身のオリジナリティのある行動でかまわないはずです。たとえば全員が全員キスする必要はない。

キスというのは僕らが「恋愛の記号だ」と思ってるから、やりたがるんですね。

キスが性本能と関係ない証拠は、ロシア人のキスです。ロシア人にとってキスというのは、握手と同じ親愛の表現。また「男同士が隠し事をしない」というしるしにキスする場合もあるそうです。男同士、政治家同士が、「お互いに隠し事なく話しましょう」という時には、舌を絡ませてディープキスする場合もあるとか。

ケネディとフルシチョフが60年代に米ソ首脳会談を史上初めてやった時に、大統領側近が、「すみません、ケネディ大統領、ロシアにはこんな恐ろしい習慣があります」と言って、
ケネディ「え、本当!?　あいつら男同士でディープキスするの?」

と困った、という都市伝説まであるんですよ。

さて、イヌイットはよく知られているように鼻の頭をお互いにこすり合わせるのが恋愛の習慣ですね。

これぐらい恋愛の表現といっても違いがあります。顔を近づけるというのは各民族共通してるんですけど、でも、その結果何をするかは民族ごとに違う。

つまり、私たちがキスをした時に「あ、恋してるんだ」と感じるのは、恋愛が演劇だからです。「いかにも恋愛らしいこと」をしてるから、僕らは盛り上がれる。

最初ぎこちなくても、どんどん役者としての演技が自然になる。その結果、僕たちは自分を「ああ、恋愛している」と思える。

その演技や演劇のために、特定のセリフとか行為が必要なんです。

恋愛してたら、なぜみんな「好きだ」と言ったり、「愛してる」と言わなきゃいけないのか。

それはゴールとして設定されているセリフだからです。

そのセリフというのをいかに自然に言えるのかまでの過程が恋愛です。

え～、今けっこう面倒くさい話をしてます（笑）。

「そんなことはない。私は恋愛をちゃんとしてるんだ、演劇ではないんだ」と言いたい人もいると思います。

でも演劇じゃなかったら、そんな既存のセリフを使うはずがないんです。

みんな同じようなセリフで愛を伝えたり、家へ帰ってみんな同じようにセックスしたり、同じように「好き好き」とか言ったり、同じようなイチャイチャをするはずがない。

日本中、多分世界中でもそうでしょうけど、屋根を引っ剝《ぺ》がしたら、みんな似たようなことやってるんです。

同じようなイチャイチャをやってるし、同じように男は甘えている。同じように女の人は「もうしょうがないわね」と言ったり、逆に自分もわがままを言って甘える。

これらすべては、心の中にある「恋愛というのはきっとこうするに違いない」というシナリオを演じて、それを相手も同じように演じ返してくれることによって、お互いの演劇空間というのが成立してる。

この演劇空間というのが恋愛の本質なんです。

演劇だなあ、と感じるか感じないかのギリギリのこの虚実皮膜な感じを、僕らは「恋愛の照れくささ」として感じています。

思いきり回り道をして心の深部まで考察する

恋愛というのはなぜか必ず軽く照れくさい。

本気でやってたら照れくさいはずがないんですけど、僕らは「演劇だ」ということを無意識で気がついてる。

だから、照れくさいんです。

「20歳の娘がダッコをせがみます」

この相談は「娘が考えた親子関係における新しいプレイを提案してきて、母親はそのプレイに乗ってしまった」と読み取れます。

これはもう何歳になるのかわかんないけど、どちらかが気持ち悪くなるまで続けるしかないですね。

あとは、回答欄の文字数制限の中で「演技」とか、「演劇」とか、そういうややこしい言葉を使わずに、「居場所」「同窓会」という言い方に切り替えて文章化しました。

一つの質問に答えるのに、こんなに関係ないことまで膨大に考えてから回答します。こういう作業、必要は必要なんです。

僕ね、子供の頃、父親のことを「お父さん」と呼んでいました。うちの父親、かなり厳しかったから、子供の頃から「お父さん」でした。でも、20歳超えるぐらいからすごく悩み初めて。どこかの時点で「親父」と呼ぶべきなんですよね。

この気持ち、わかりますか？（笑）

男にとって「いくつぐらいの時に自分の父親の呼び方を変えるのか問題」ってあるじゃないですか。

10歳とか15歳ぐらいまではまだパパでいいんですけども、パパとかママと言ってるのを友達に聞かれた時の恥ずかしさったらないですよね。ということはどこかで切り替えなきゃいけないんです。

その切り替えというのは、これまでやっていた「子供と親」という演劇をやめて、次のステージに演劇を移さなきゃいけないということなんです。

で、「親父」と言った時に、また向こうもちょっと照れくさそうに、「な、な、何だよ」とか言ってくる。

それで、新しい演劇がお互い、成立するわけです。

よしよし、以後オレは親父ね、親父役ね。

わかった、おまえは「ドラ息子のテルヒロ役」だな。

……と考えると「自分と父親の関係」もわかりやすい。

「悩みのるつぼ」は、相談者に対して答える時に、必ず自分自身への発見もあるはずなんですよ。こんな感じにね。


余談を続けます。

僕が主宰しているSNS（ソーシャル・ネットワーク・サービス）、「クラウドシティ」の話です。

クラウドシティには、「悩みのるつぼ」ゼミというコーナーがあります。朝日新聞から「悩みのるつぼ」の質問が寄せられたら、そのゼミ掲示板に質問をそのまま貼りだします。

SNSをやったことがない人にはちょっとわかりにくいと思うんですけど、メールではなく、誰でも見られるようなネット上の掲示板ですね。

ゼミ参加者なら誰でも書きこめて、それを参加者全員が見られるようになる。次々といろんな人がコメントをつけます。

私だったらこう答える、私だったらこう書く。

いろんな人の意見や回答例を、僕はいつも読んで参考にしています。自分の回答を書く時の参考にもしています。

でも、ゼミ参加者の回答は、いつも何かちょっと足りないな、と思うんですよね。目の前の相談にとりあえず自分のこれまでの経験や知識だけで答えようとしている。

目の前の問いに答えるより、まずはどれだけ深く考えられるか？　考えの深度を深められるか。遠回りしてもいいんですよ。まったく違うことまで、できるだけ考える。思いきり回り道する。

さっき書いた「なぜ人は威張るのか？」「恋愛の本質は演技性にあるんじゃないか？」という仮説まで考えてかまわない。

結果、ものすごく遠いところまで旅をして、で、じゃあどういうふうに答えようかと帰ってくる。「今考えた膨大に無駄な考えは、この問いとどういう関係があるんだろう？」と考察する。

この「無駄に考える」「遠回りする」「でも、考えた成果は取り入れる」という遠回りの距離が、ゼミ参加者にあまり感じられないんですね

相談に対して即答しすぎる。文章の分析をいきなりバーッと始めて、で、相談者にはこんな

トラウマがあるんじゃないかと書いてしまう。

文章を分析するのは、正しい。

正しいんだけど、分析したらちゃんと「じゃあ、自分の経験で似たようなものは何があるだろうか」「本質的にこれは何なんだろうか」というのを自分の心の深部や、論理のたぐり寄せでずっと遠いところまで考察しないとダメ。

「人間誰しもが持っているような普遍的な問題」にまでいきついて、さらって帰ってこないと、考えたことにはならない。

どれぐらい遠くまで行って帰ってこられるか。これが、ポイントなんです。


時間に細かい夫にうんざり……◆相談者―自営業／30代　2009年9月26日／朝日新聞／朝刊

結婚して12年、30代の妻です。

夫が時間に細かく、口うるさいのでヘキエキしています。

私は自営で仕事の時間が不規則なのですが、出かける前に必ず「帰りの時間は？」と聞かれます。時間の予測がつかず「わからない！」と言うと「だいたいでいいから」。「○時くらいかな」と幅を持たせて答えることにしています。

しかし、その○時になると必ず「まだ帰ってこないの～？」「約束の時間に帰って来いよ」

と電話が何度もかかります。たとえ私が仕事中でもお構いなしです。

夫は仕事の関係上、家にいることが多く、そのためにしばしば連絡することが可能です。

結婚当初は「心配してくれているのかな……」と思っていましたが、あまりの頻度と細かさに、最近は心配性の自分の勝手で電話をかけてくるんだと分かりました。とても付き合いきれません。

先日とうとう頭にきて携帯電話を着信拒否に設定しました。

最近はこの調子で何事にも細かいのが気にかかります。一緒にいるのもウンザリします。これからの長い人生を考えると本当に悩みます。

こんな夫とどう付き合っていったらいいでしょうか？

できれば、いつもステキな回答をされる岡田斗司夫さんの意見をうかがいたいです。

◆回答者―岡田斗司夫

なによりも「自分がどうしたいか」を知りましょう。

関係を修復したいのか。いっそ別れたいのか。彼のイヤな部分を直して、いっしょに添い遂げたいのか。自己改造して夫の欠点など気にならない性格になりたいのか。

「一緒にいるのもウンザリ」「長い人生を考えると悩む」

こう書いたあなたは、すでに「別れ」を決意しているようにも見えます。では、あなたの悩みはなぜ「離婚したいんだけど……」にならないのか？

理由A　今の「夫を嫌がる気持ち」に自信が持てないから。

結婚の時には確かにあった「いっしょに暮らしたい気持ち」がこんなに簡単になくなるなら、いま感じてる「もういっしょにいたくない気持ち」も気の迷いかもしれない。

理由B　「離婚力」がない。

「一人はイヤだけど、いっしょに暮らす相手が見つからない」「経済的に無理」「自分または家族にとって離婚はタブー」。三つのどれかの場合、離婚力が足りないので、早期離婚は無理。

理由A・B、どっちもありそうですね。

とりあえず、いまできることは症状の緩和です。ストレスの原因「夫との距離」を、もっと引き離しましょう。

平日別居はいかがですか？　月～金までの４泊、彼の待つ家には帰らないのです。会社の近所にアパートを借りる。予算の都合で、マンガ喫茶や実家、友達の家に泊まるでもかまいません。

「帰る時間を気にしたくないので、平日は帰らない」「週末は家事も手伝うし、デートもしよう。そうしたら2人の時間を心から楽しめると思う」

こう宣言しても、まだ週末に帰るのがイヤなら、その時はもう2人の関係は終わってます。離婚力を高めて、事態に対処してください。

しかし、もしですよ。週4泊も帰れないのは寂しいと感じるなら、あなたはまだ夫と別れたくないのです。

「毎晩、帰らなければいけない場所」と思いこんでるから、今の夫や家にあなたの安らぎはない。でも週末しか帰れなくて寂しいと思ったなら、あなたはきっと、まだ別れたくないんでしょう。

繰り返しますが、自分の気持ち・本当に望んでいることを知るのが最重要です。

《一緒にいるのもウンザリします。これからの長い人生を考えると本当に悩みます》《こんな夫とどう付き合っていったらいいでしょうか?》

あれ?　この人、どうしたいんでしょうか?

離婚したいのかどうか、わかんないんですね。

《一緒にいるのもウンザリ》と書いてるのだから、普通は《こんな夫とどう付き合っていったらいいでしょうか?》という質問が出てくるはずがない。だって、《一緒にいるのもウンザリ》で、《これからの長い人生を考えると本当に悩》むってことは、この人の選択肢はただ一つです。

「じゃあ、どうやって離婚しましょうか。離婚したあと、どうやって私は自分の生活を立て直しましょうか」

これしかないはず。

でも、そうはなっていない。

とりあえず、単純に「離婚しますか」というふうにポンと問いかけて回答を組み立ててみました。

これ、劇薬なんですよね。

「あなたの言ってることを整理すると、こうなります。じゃあ選択肢はAとB、好きなほうを選んでください」

というのは、答えるほうは気持ちいいけど、言われたほうは「そんなこと言われても……」って思っちゃう。

なんか僕自身にも不完全燃焼感が残る回答でした。

子どもが欲しくありません……◆相談者―主婦／34歳　２００９年11月21日／朝日新聞／朝刊

34歳の主婦です。結婚して7年になります。

先日、夫から「そろそろ子供が欲しい」と言われました。私は、結婚前から「子供は欲しくない」と言っており、それを承知で結婚したはずなのですが、どうやら彼は、時がたてば私の考えも変わるだろうと考えていたようです。「父親になりたい」と言われ、悩んでいます。

私にはどうしても、子供が可愛いとか、欲しいとか思えません。親になる責任に対する不安や、子供に振り回されたくない（自分の生活を犠牲にしたくない）という気持ちはありますが、それ以上に（乱暴な言い方ですが）、子供を持つ必要性を感じないのです。

世の中には、子供を望んでいても出来ない方が大勢いらっしゃるので申し訳ないとは思います。ですが、私の場合、わざわざ大変な思いをしてまで産む必要があるのかと、思ってしまうのです。「子供がいることの素晴らしさ」が実感できません。

子供が欲しいと言っている友人は、「理由は分からないけれど、自然に欲しいと思える」と言います。理屈で考える私は、何かが欠落しているのでしょうか。

仲のいい夫の希望を、できればかなえてあげたいと思うのですが、どうしても抵抗があります。どのように考えを変えればいいのか、教えていただければ助かります。

◆回答者―岡田斗司夫

リクエスト通り、理屈で答えます。あなたの願望は二つ。

「A　子供が欲しくない」

「B　夫の望みをかなえてあげたい」です。

この二つが矛盾してるんですから、どっちかをあきらめないとしかたない。

Aをあきらめる場合、「欲しくもない子供の出産・育児にどれぐらい耐えられるか?」を慎重に見積もってください。

Bをあきらめる場合、「夫との関係の悪化・希薄化」は避けられないと思いますので、これも心の準備が必要ですね。

まず「A　子供が欲しくない」をあきらめる場合。

「あなたの手間・労力・精神ストレスの合計を最低レベルに維持しながら出産・育児をこなす」が目指すべき目標です。

「出産はするけど、育児は夫がする」という結論で夫に納得してもらいましょう。

口約束だけではダメです。子供が捨て犬を拾ってきて「絶対に面倒見る」と約束させても、結局は母親が面倒見てしまう、というのはよくあること。

そうならないためには、出産しちゃったらあなたは家を出て一人暮らしして、彼の育児にはいっさいノータッチ、という姿勢がベスト。でないと巻き込まれてしまいますよ。

2人で暮らし続ける場合でも、子供は彼と寝て、あなたは個室を確保しましょう。

Bをあきらめる場合、夫を説得するか自分が納得するか、です。

つまり「子供を作らないという約束で結婚した」の一点張りで逃げ切るか、または「私は産まない・育てないから、私と関係ないところで勝手に誰かに産ませて育ててくれ」と突き放すか、です。


前者はこれまでと同じ、絶えず口論や懇願や悩みを生むでしょう。

後者はそれ以上にあなたが苦しみそうですね。

理屈で考えたら、こうなるしかありません。

でも大丈夫ですか?

Aの「あなたが産んだ子供を彼一人が育てている」でも、Bの「子供を作らない/外で作ってもらう」にしても、あなたの幸せは果たしてそこにあるでしょうか?

幸せとは「不幸の回避」ではなく、「乗り越えるのが楽しい不幸」だと思います。

「育児ストレス」「夫との論争や口論」「自分はこのままでいいんだろうか、という不安」。

これらの不幸の中で「夫と2人で乗り越えるのが最も楽しそうなもの」を考えてください。

人生相談の範囲を超えて、相手の内面に踏み込んだ

この回答で、ちょっと新しい方向が見えてきた気がしました。

論理で悩みを分析し、可能な選択肢を提示する。

でも、きっとこの人の聞きたいことは違うんじゃないかな？　と考える余裕が出てきたわけです。


「理屈で考えたら、こうなるしかありません。でも大丈夫ですか？」

という一文を入れるのに、さんざん悩みました。

だってこれ書いちゃったら、せっかく苦労してこれまで確立させた「岡田斗司夫の回答技法」が使えない。

相手の内面に踏み込むことになっちゃうし、新聞の人生相談の範囲を超えてしまっている。

悩んだけど、けっきょく僕は踏み込むことにしました。生まれついての、お節介という性格なんです（笑）。


毎回、こんな感じで回答を書いていました。僕は徐々に「これでいいのかな？」と思うようになってきました。

他の3人の回答者とは違う自分なりのスタンスもできてきた。読者の評判も編集者の評判もわりといい。

もうこれで充分じゃないのかな?

論理的で理性的で、なんでも聞かれたことに答える万能回答マシーン、まるでコンピューターのような岡田斗司夫。

それでいいんじゃないかな?

しかし、次にやってきた相談に答えようとした時、僕は理性も論理も失ってしまいました。

相談者を「バカ! 本当にバカ!」と怒鳴りたくなってしまったのです。

ステージ6　相談者に腹を立てた

母が何も捨てられず困ります……◆相談者―主婦／40代　２００９年12月19日／朝日新聞／朝刊

40代主婦です。78歳の母のことで相談です。母は物を処分することを極度に嫌い、あらゆるものを捨てられません。カタログ通販を利用してどんどん物を増やし続けており、身の回りには物があふれかえっています。

バランスボールや竹馬など、使ったら骨折間違いなしというたぐいのものもあれば、大型オーディオセットの前には小型セットが鎮座します。壁は絵や写真で埋め尽くされ、1畳を超す大きさの額を廊下に立てかけています。折り畳み傘は10本近くほこりをかぶり、等身大マネキンまでいます。

残りの人生では使いきれないほどの衣類・食器類を所蔵、備蓄品もたっぷり。父と2人暮らしの広めのマンションは、大家族の生活の場のようです。新聞には上手な老い支度を促す連載や、身辺整理を決意した投稿などが掲載されているのに、です。

どうすれば、自発的に片付けるようになるでしょうか。折に触れ、分類整理を申し出ても、勝手に処分されることを心配し、拒絶されます。

私は、物は利用価値がすべてだと考える方なので、現在も将来も使用することが見込めないものは、どしどし処分してほしいのです。合理的に判断し、足腰の弱くなった状態にふさわしい環境で生活してほしいと願います。母の意識改革は無理でしょうか？


なにかが引っかかった相談でした。

でも、どこに自分が引っかかってるのか、よくわからない。

だから、とりあえず「どうやれば母親が物を片付けられるようになるか」と考えようとしました。

人を雇って整理する？

思い切って「もっと大きい屋敷」に引っ越す？

フリマを開いて、あふれる余分な荷物が「お金」に替わる瞬間をおばあちゃんに体験させる？

意外な発想や解決法はありそうな気がします。でも、そういうふうに、このおばあちゃんの

「問題」と考えるのが、なんだかもう引っかかって、引っかかってしょうがないんですね。

どう言えばいいんだろう？　なんか……。

最初に断ったように、僕は何があっても相談者の味方にならなきゃダメなんです。

世界中がその相談者の敵に回っても、自分だけはその相談者の味方になる。

「うん、でも、あなたの言ってることとわかるよ」と言わなきゃいけない。

でも、どうしてもなれなかったんです。

ずっとこの「悩みのるつぼ」の連載をやってて、この第10回の相談者のことだけ、やたら腹が立って腹が立ってしょうがなかったんです。

イライラしてしょうがなかった。

で、なぜかなあとずっと考えて、やっと見つけました。

回答を一気呵成に書き上げました。

◆回答者―岡田斗司夫

相談を読んで、僕はひどく落ち込みました。あなたは母親のことがわかっていない。いや、僕が感情的になっても仕方ないですね。説明します。

お母さんがカタログ通販で物を買う理由は簡単です。

「もっと生きたいから」。

それ以外にありません。

バランスボールや竹馬を買うとき母の心に浮かんでいるのは、それをちゃんと使いこなしている健康でエネルギーあふれる自分です。

オーディオや絵画を買うのは、心の豊かさを取り戻そうとしてるから。

通販で商品を買うのは、「そうなる可能性を買う」ということです。78歳の母親は、未来や夢を買ってるのです。

もちろん実際には使いこなせてません。あなたが言うとおり愚かなことでしょう。

でも母にとって、いまや通販番組やカタログを見て「欲しい」と思う時が「生きている」と感じられる時なんです。それを「使わないなら処分しろ」というのは、「夢を捨てろ」「これ以上、生きるな」と言っているようなものなんですよ。

あなたの言う「上手な老い支度」は、母にとっては自分の年齢を自覚させ、死がすぐそこまで来ていると意識させることに他なりません。

「生きる」とは欲望と不安を受け入れること。無駄と混乱は当たり前なんです。

母に「安全で整然とした環境」を与えたいのは、あなたが心配させられず、安心したいからでしょ？　母の幸せは増えませんよね。

使いきれない食器であふれている？　父と二人暮らしのマンションは大家族のような備品でいっぱい？

お母さんの望んでいることはあきらかじゃないですか！

あなたにも事情がおありでしょう。でも母親の道具や買い物を規制したり整理したりするのだけが解決の本質でないのは、わかりますね？

家族を連れてお母さんの部屋で食事してはどうでしょう？　たくさんの食器からお気に入りを探して。食後にはあなたがバランスボールや竹馬に乗ってみては？

お母さんが買い求めたのは「生きる希望」です。邪魔であろうと、あなたたち家族がちゃんと受けとめてあげてください。

「こんなふうに生きたかったな」という想《おも》いを受け取ること。

それが「相続」です。

生きることに迷いはつきもの

ここまで書いたらもう蛇足かもしれないけど、解説します。

つまり、この母親がやってることは、「もっと生きようとすること」ばかりなんですね。

もっと生きようとしてるから、生き続けること、これからも元気であることの象徴みたいなものを次から次へと買ってるわけなんです。

おまけに、昔のようにみんなと一緒に暮らしたいと思ってる。

だから「夫と2人で住んでいるマンションの中は大家族のように物であふれてる」。

もう一回みんなと住むことがあるかもしれない、と思ってるから捨てられないんですね。

でも、相談者の娘は母親の「無意識の望み」になにも気づいてない。

当たり前ですよね、きっと母親自身も気がついてないと思います。自分でも気づいてないからこそ、ポンポン買い物できるんでしょう。

切ないです。

この母親は心の底で、無意識の底でそう思いながら、でも口に出してもしかたない、って思ってる。

「もっと生きたい」「竹馬にも乗りたい」「みんなと暮らしたい」

そういう思いを、意識の表面に浮かばせないように、「聞きわけのない老害」にならないように思ってる。けど、抑えられない。

無意識の望みが抑えきれず、通販で買い物ばっかりする。

その結果、自分の娘からも「なんでこんな〝要らないもの〟ばっかり買うの？（もうあなたには要らないはず）」「こんなにたくさん、食器買ってどうするの？（私たちは使わないしね）」

と言われてしまう。

もちろん、相談者の娘にはそんな意図はないんですよ。でも、正論だから母親は言い返せない。すると娘は「おばあちゃん、ボケたのかしら？」とか思い始める。

捨てられるはずないですよ。だって「捨てる」というのは、母親の希望や可能性まで捨てるってことなんですから。

このお母さんは、目にしたものをポンポンポンポン買っちゃうんですね。

その行為自体はすごく愚かかもしれない。でも、母親はその瞬間、注文する一瞬に見えた「夢」を買ってるわけです。

愚かだと思いますか？

僕たちと同じじゃないですか。

僕らが通販番組を見て、こびりつかないフライパンを買ったり、何でも汚れが落ちる洗剤を買ったり、逆に洗剤不要のスポンジを買いますよね。

腹に巻いて寝るだけで腹筋がみるみるついてしまう謎の器具を買ったり、飲むだけで痩せる魔法のジュースを買ったりする。

で、みんな言うんです。「商品が届くまでが楽しい」「商品を注文する直前が一番楽しい」って。

つまり、僕たちが買ってるモノもまた「商品」じゃなくて「夢」なんです。その瞬間に見てしまった幻影。「そういうふうに生きられるかもしれない」「今のままの自分じゃない、こうなれるかもしれない可能性」というのを買ってるわけです。

じゃあ、このお母さんが買ってる「夢や可能性」とは何か。

大型オーディオセットというのは、多分、昔、好きだった曲をちゃんとした音質で聞きたいと思ってるんですね。でも本当にオーディオマニアなわけではないから、買ったままで箱を開けもせず置きっぱなしになってしまう。

「あの頃の気持ちで歌が聴きたい」「あの頃に帰りたい」と思っても、オーディオ機器で母親の夢が叶うわけじゃない。そんなことは母親は百も承知なんです。今さら失望したくないから、箱から出しもしない。

でも、またテレビの通販CMで「あの懐メロが、昭和の時代がまた蘇る。あなたの青春が」って言われると、その瞬間に生きていた実感が湧くんですね。だから買っちゃう。

すると娘に怒られる。

「買ったんだから聞きなさいよ」って。

聞いても、もう時は戻らないと母親は知っている。知っているから、これ以上傷つかないために聞かない。でも「知っている」と「信じたい」は違う。だからフラフラと同じようなものを、また買ってしまう。

これ読んでイライラしてる人もいると思います。

なんでそこまで弱いのか、って。

そんなの騙されてるだけ、買わされているだけじゃないか、って。

でもねぇ、これって本当に否定されるようなものなのかなと思っちゃうんです。

僕たちだって「本当に欲しいモノ」を、買ってますか？

「一度も後悔してない買い物」を最後にしたのは、いつですか？

深夜にピザのCMや通販のCMが多いのは、ちゃんと統計的マーケティングに基づいてるんですよね。僕たちは普段ダラダラとしてるんですけども、ピザーラお届けのCMが流れた瞬間に、何か生きてる実感が湧いて、思わず電話してしまったり。

人間ってそんな程度のバカなもんだと思うんです。

で、そのバカさの源は何かというと、生きてることによる迷いや夢ですよ。

生きているからこそ、そんなCMの口車に乗って買わされる。生きるエネルギーがあるからこそ、「寂しいかな？」と自覚するんです。

だから、詐欺にかかったおじいちゃん、おばあちゃんたちは、詐欺にかけた人のことを悪く言わないでしょ？

その人たちは確かにお金を奪っていったかもしれない。

でも、詐欺にかかっている瞬間、そのおじいちゃん、おばあちゃんは、生きている実感が味わえた。

それを批判する人や、老人を哀れむ人たちがけっして与えてくれない、「生きる夢」をほんの少しの間だけでも見せてくれた。

おじいちゃん、おばあちゃんにとって、イヤな経験だったかどうかというと、必ずしもそれだけとは言い切れない。だからこそ、詐欺師のことをあまり悪く言えないんでしょうね。

かなぐり捨てて、怒りを表明した

さて、この相談者は「老い支度」とか、「人生の整理を考えてほしい」とか言っています。

なぜ、そんなことが言えるのか。多分、今の年齢だと、まだ死ぬことがリアルに考えられないから。ひとごとだから、人間というのは年取ってきたら、だんだん自分が死ぬ準備をするもんだと考えてしまう。

自分の母親がテレビCMに反応して、なにかが欲しいと思う。それを通販で買う瞬間にだけ、本当に生きている実感をどれほど味わえるのか。たぶん知らないし、理解していない。

その断絶というんでしょうか、「母親の気持ちわかんねえのか、てめえ！」と思ってしまいました。

それですごく腹が立ってしまって、さあ、どうしようと。

新聞の人生相談では、それまでずっと役に立つことばかりを心がけていました。でも「俺は今回、こいつに説教してやらなければ気が済まない！」と思ってしまったんです（笑）。

で、ごらんの通りの回答です。

はい、僕、怒ってますし、隠してもいません。

もう、ガガガガガーッと説教をして、結果、この回ぐらいから気持ちが切り替わったと思うんです。

相談者に説教してしまったら、俺は車谷先生になってしまったよと思って（笑）。じゃ、何でもありだよなと思って、急にやりやすくなったというか。

ただ、この回答を書くのは、すごい覚悟が要りましたね。

この「ちょっと待て、てめえ」って書き方だと、この相談した人は、落ち込むか反発するかどっちかだろうなと思ったんです。

ストレートに受け取りすぎて落ち込んじゃうか、「そんなこと言っても、でも、岡田さんはあの家中にあふれたゴミを見てないから言うんですよ」というふうに思われるのか、どっちかかなあって。

「そうか、じゃあ、お母さんにこういうふうにしてあげよう」というようにパッと切り替えてくれる、なんて都合の良い展開はないだろうなぁ、とすごく引っかかったんです。

でも、けっきょくはもういいやと思いきりました。

もうわかってくれなくてもいい。

連載当初、自分が思っていた「役に立つ人生相談」をかなぐり捨てた瞬間でもありました。

この回からはっきりと「僕が答えるのは相談者の問題ではなくて、日本人全体の問題だ」と考え始めました。

日本人全体の問題として、自分の問題として

相談自体はある一人、特定の一人の具体的な問題です。

でも、それは日本人全体が背景に抱えている問題でもあるはずなんです。

一つの特殊な相談に答えるのではなくて、その背景の問題全体に答える気持ちで考える。すると、自分の中にある引っかかりにも答えることになる。

人の相談に答えているはずが、いつの間にか自分自身の問題まで再発見して考え直すような、

そんな人生相談が目標です。

もちろん僕だってこんなことを言いながら、自分の父親とか母親の気持ちなんか全然わかんなかったダメな息子だったんですよ。

そういう罪悪感が自分の中にもあるからこそ、この自分の中の「なんで俺はあの時、親の気持ちがわかんなかったんだろう」というイライラとか罪悪感込みでこの女性に説教しているわけです。

説教することによって、私ら日本人がなんとな～く抱えてる「老いというのは何だろうか」という問題、「生きるというのは何だろうか」という問題が、表面に浮かび上がる。

生きるということはひどく無様にあがくことで、素晴らしいことでも何でもない。

年取った人間が、それでもより長く生きたいと思うのは本質的に当たり前のことだけど、醜いことでもある。

矛盾するってことを認めるしかない。

少なくとも娘であるこの相談者はそれを認めてやらないと、どうしようもないんじゃないの？　と問いかけた回答になりました。

今でも、一番好きな回答の一つです。

ステージ7　なぜ悩みはるつぼ化するのか

なぜ、悩みはるつぼ化するのか。

人間、なぜ悩むのか。


悩みとは、「複数の問題がこんがらがった状態」と、僕は定義しています。

だいたい、人間が悩んでいる時というのは、頭の中で「ああでもない、こうでもない」というふうに考えているものです。

「じゃ、こうしようか」「でも、そうするとこうなる」「じゃあ、こうするとどうなるだろう」というふうに行ったり来たりしてるんです。

問題に手が付けられなくなった時＝「悩みのるつぼ」が発生している時に、最初にやるべきことは、頭の中だけで考えるのをやめること。

ノートに書き出してみたり、他人に相談することが最優先です。

なので実は、相談者の大半は、悩みを書いている段階で、かなり解決してるんじゃないかと思います。

「悩みのるつぼ」をやっている僕が言うのもヘンなんですけどね。

僕自身も、よく経験するんですよ。

人に何か悩みを相談しようとして話しているうちに気が済んでしまった、ということが。

「悩みを聞いてもらったから心が軽くなったよ」とか、「スッとしたよ」というのもあるんですけど、実はそれよりも、人にわかるように整理した段階で悩みの大半というのは解決してしまうんです。

で、解決しない部分というのは、本当にもともと解決不可能なものだけなんです。

解決不可能なものだけを直視すると、あんがいそんなに心に負担がない状態になります。

「あ、これは解決できないわ。あきらめるしかないよね」と考えられる。

悩みのるつぼの構造

具体的に説明します。

たとえば「嫁に行った先で、旦那のお母さんと仲が悪い」と悩んでいるとします。

単に仲が悪いだけだったら「問題」です。

その問題がなぜ悩み化するのか。

「嫁に行った先のお母さんと仲が悪いけども、仲がいいふりをしなければいけない」とか、「仲がよいということがよい嫁の条件だ。だから、私はよい嫁にならなければいけない」「じゃあ、いい嫁になり切ればいいのか。なり切ったとしても、あのお母さんには腹が立つ」というふうに、複数の考え方がいくつもいくつも、ゴロゴロゴロゴロ、出てきちゃうんですね。

ここからわかる、悩みがるつぼ化する原因。
原因1は**ジャグリング**。
ジャグリングというのはお手玉です。あの西洋のお手玉。大道芸人たちがよくやってるアレです。
頭の中で複数の問題をお手玉のように空中に放り投げて、「これどうしよう」「でも、これもどうしよう」「あれもどうしよう」というふうに考えている状態ですね。
この**ジャグリング**、主に「頭がいい人」がやりがちです。
頭が良くて、下手に複数の問題が同時に考えられるもんだから、やってしまう。

普通なら人に相談することも、「他人は俺より頭悪いから、わざわざ相談してもしょうがない」とついつい考えてしまう。自分でたいてい問題解決できてるもんだから、「今回もできるに違いない。これができなかったらもうダメだ」と、頭の中で何度も何度も同じことをぐるぐると考えている。

これが**ジャグリング**です。

原因2は、**仕分け不足**。

問題の**仕分け**が不足してる。

ステージ4の「マンションを追い出されます」を思い出してください。

「私は子供の頃親からこういうふうな迫害を受けて、で、子供を育ててるんだけども、迫害を受けた子供というのは親になっても同じようにいつか子供を迫害するかもしれない。妊娠が発覚した時に、前の男は逃げていった。で、どこかの男の愛人になったんだけれども、その愛人としての立場も今危うい。生活も危うくなってきた」

このように、複雑な問題をいっぱい書いてきました。

本人は手の付けられない大問題で悩んでるつもりなんですね。

でもこれ、純粋に**仕分け不足**なんです。

「過去こんなことがあったんです。で、それが関係してると思うんですけども」――。

それが関係していようがいまいが、まず過去にあったことは今さらどうしようもないことだから、本来いま考えるべきところから外すべき。

いま悩んでる場合は、その悩んでる内容をザーッと書き出してみる。今さら悩んでもしょうがない問題と、人類には解決できてない、今までできてない問題は除外する。

さっきの例で「なんで私は嫁入りしたのにお母さんと仲が悪いんだろうか」とか、「なんで俺は上司と仲が悪いんだろうか」とか、「なんで俺は人にわかってもらえないんだろうか」――。

これらはおそらく人類の歴史が始まってからずーっとあった問題で、多分1000年後も人類は悩んでることなんですね。

なので、「なんで俺はこうなんだろう」ってことは考えてもしょうがないんです。現象があるだけですから。

それをどうにかできないんだろうかというふうな考えを1回やめる。

そして、今すぐ手を打てる問題というのに着目するんですね。

これが**仕分け**です。

原因3は不可能へのチャレンジ。

自分に解決できるはずのないことを「解決できるはずだ」と思っちゃいけない。

過去、少なくとも2年や3年悩んできたことを、自分の決心一つで劇的に解決できると考えちゃいけないんです。

解決できない、と言ったら冷たいかもですが、10パーセントか20パーセント悩みが軽くなれば上等。本質的に解決しようという努力や悩みの「方向性」がムダです。

「どこかの家に嫁に行った。その家のお母さんと仲が悪い」という例の悩み。

これを解決しようなんて思ってもしょうがない。これこそ**不可能へのチャレンジ**です。

そうじゃなくて、どうすれば喧嘩が少なくなるのかと考える。

「毎日毎日本当に腹が立ってしょうがない」

この状況を指数「100ポイント」として、これをゼロにしようとするから間違いなんです。ゼロは不可能。

人類は成功してない。人類史上、嫁と姑が仲良くする方法を見つけましたなどというマニュアルなんて聞いたことがない。

そんな不可能に挑むから、みんな「悩みのるつぼ」に入ってしまう。

ゼロにならなくても、50でかまわない。もしくは80でもいい。

100ポイントだと、苦しいから死にたい。だったら50であれば「しんどいな」ぐらいのはず。30ぐらいだったら、たまーにメチャクチャ腹が立つことがあるぐらいなんです。すると許容範囲になんとか収まる。

不可能へのチャレンジは考えず、せいぜい半減させるとか、2割落とすぐらいで考えることですね。

解決不可能な悩みにはそのまま蓋を

あと、同じようなことですが、「解決にこだわる」、つまり悩みを解決することにこだわっちゃダメ。

悩んでる時に、「岡田先生に言われたからノートに書いてみよう。紙に書いてみよう」と思って書き出して、今日中に、今週中に、すべての問題が解決できると思い込んでしまう。そして「解決の糸口が見つけられない自分はバカなんじゃないのか」と落ち込む。

その悩み自体が解決不可能な場合もあるんです。

その場合は、解決不可能なんだからそれ以上悩まないってことが大事です。

解決不可能、または「自分の手に余る」問題は、あきらめて降参する。

素直に「困ったなぁ」と愚痴る。

これが「悩みをるつぼ化」させない方法です。

余談ですが、「なぜ悩みは解決しないのか？」をもう少し説明します。

「解決法がわかったからといって、行動できるとは限らない」

これ、あんがい盲点なんですよね。

たとえば、自分自身を一つの人格と考えず、多数の人が参加している、そう、会社のようなもの、と考えてみてください。

で、「決心したり、実行したりする自分」は、その〝株式会社・自分〟の社長です。

10人とか、まあ15人ぐらいの小さい組織で、自分がそのリーダーだというふうに考えてみるんです。

みんな自分を統一した一人の人間だと思ってる。

だから、「なんで自分はこんなこともできないんだろう」とか、「なんで自分はあんな人を好きになっちゃったんだろう」とか、「なんで自分はあんなことを諦めきれないんだろう」というふうに考えてしまう。

自分が自分の思い通りにならない。

なぜ？　と思っちゃう。

他人はともかく、自分ぐらいは思う通りに動かしたい。

「なんで自分は痩せたいと思ってるのに食べてしまうんだろう」もそうですし、

「なんで自分は勉強しなきゃいけないと思ってるのに遊んじゃうんだろう」、これも同じです。

でも、自分が自分の思い通りに動かないのは当たり前、と考えたほうが、おそらく解決法には近い。

これを理解するための思考ツールが〝株式会社・自分〟です。

株式会社・岡田斗司夫はどう動いているか

自分を一つの統一された自我だと考えない。

思い通りに働いてくれない部下がいっぱいいる小さな会社というふうに考えるんです。

僕はこの1年ぐらい、ちょっと太ってきてしまった。

「ワガママ・ボディ」と自分で言ってるんですけども、これはごまかしようがない（笑）。

この問題で説明します。

〝株式会社・岡田斗司夫〟の中には、僕以外に多分10人ぐらいの「僕」がいるんです。

で、社長である岡田斗司夫は、「ちょっと待てよ。俺、レコーディングダイエットの本出してメチャクチャ売れたぞ。俺が太ったらシャレになんねえぞ。痩せろよ！」というふうに毎朝朝礼で言っています。本当に真面目な話、毎朝毎朝、朝礼で言ってるんですよ。

僕の心の中、〝株式会社・岡田斗司夫〟の中では部下1号〜10号たちがみんな「了解！」「もう食べません！」「確かに太るのはマズいですよね」って頭下げてんですけども、夜になると何か食ってやがるんですよ（笑）。

これを「意志が弱いから」というふうに考えることもできます。けど、それでは「じゃあ意志を強くしなけりゃ」という、もう昔からのありがちなアプローチでの解決法になっちゃう。

それをやってもしょうがない。

「強い意志があれば、自分の中で意思統一ができるはず」というのは幻想なんですよ。

もっと現実的に、リアルに自分を観測してみる。

僕らの心のモデルとして、自分の中に複数の自分がいる。で、その一人がたとえばしょっちゅう食べたがるとか、「決心」社長の監視を盗んで食べたがる。

「決心」社長の監視がゆるい時、つまり理性がフッとゆるんだ時に、こっそりとポテチの袋開けてパリパリパリパリパリ食べる。社長に見つかった瞬間に、「いえいえ」とか言って、あっという間に隠れるんですよ。

どうですか？　みなさんが「自分の決心をつい破っちゃう時」って、こんな感じじゃないですか？

同じように、何かルール違反をついついしちゃう人というのは、多分、そのルール違反を自分でやってる意識があまりないんですね。心の中に、「いや、それぐらいいいじゃないか」という自分がいる。よく海外アニメに出てくる「頭の両側で天使と悪魔がささやく」、あれと同じです。

学級委員会と言ってもいいんですけども、自分というのは所詮、統一がとれてない中小企業の社長にすぎない。

だから、自分が決心したからといって思い通りに何かできないのは当たり前。

「どういうふうに決心すればいいんですか」とか、「どういうふうに決意すればいいんですか」って聞く人もいるけど、決心や決意ではどうにもならないんです。

それは社長が決心して社員に大号令かけてるのとまったく同じで、社員は社員でその時は「そうだな」と思うかもしれないけど、それだけなんです。

家へ帰る途中で「社長、何言ってんだよ」と思うかもしれないし、飲み屋に行ったら、社員の中の有力なやつが、「社長が言ってることもわかるけどさぁ」

この「さあ」と言った瞬間にみんなが「やっぱり?」「そうだよね?」ってなるわけですね。なので、「決心」というのは長持ちしない。

自分の中の「イエスマンじゃない部下たち」「決心する時は隠れているのに、あとでモゾモゾ出てくる部下たち」は、徐々に命令(決心)に従わなくなる。

じゃあどうするか?

自分の心の中をグループだと考えて、矛盾するやつら・小さい自分たちをどう統一して動かすのか。

それぞれなりの利益を与えて、「みんなもこれやったほうが得だよね」と納得させるか、黙らせる方法を考えるか、もしくは、「今のところ、おまえ、損してくれ」と期限を切ってガマンをしてもらう。

すぐ脂っこいものを食べたがる、甘いものを食べたがる、夜中におやつを食べたがる「自分」を、どうなだめるのか。

ほかの同じような「欲望グループの自分」に出てきてもらって、「食べられないけど、代わりに『ウルトラQ』のカラーDVD買ってあげるから」みたいな、ほかの欲望で埋め合わせするという方法もある。

「ああ、なるほど、岡田斗司夫の言ってることわかった。じゃ、俺も悩みを書き出して仕分けしなきゃ！」と思ったとします。

でも、それは皆さんの心の中の社長なり学級委員長が決意してるだけかもしれない。それだけで自分を動かすのは大変難しい。

なので、何か行動する時には環境を変えるのがコツです。

学級委員長とか社長ができるのは、環境を大きく変えることぐらいだからです。

入院するとダイエットがうまくいく。入院する環境にいれば、おやつが入手できにくい＝食べにくい。だから痩せるというだけなんです。

要はこの原理の応用です。

社長とか学級委員長のできることは、計画的に「行動する環境そのもの」を大きく変えてしまう。

その結果、行動が変わる。社員たちも徐々に「社長の言うこともわかるよな」とか、「あんがい成果が出てるよな」というふうに実績が積み上げられていくと、ようやっと納得していく。するとは心の中の「小さな自分」たちが、重い腰をあげてようやく一致団結して、一つの目標に向かい出す。

これが「決心が長続きする」、すなわち「モチベーションが高い」という状態です。

悩みがるつぼ化した場合、単に解決策を考えるだけではダメ。

なぜ自分は今までその解決策を思いつかなかったのか？ 採用しなかったのか？

心の中の「小さな自分」たちがきっと反対していたからだと思います。

ならば、彼らをゆっくり説得するしかない。「それ以外の選択肢がない状態・環境」に自分を追い込んじゃうわけです。

作家のカンヅメや、ダイエットを決意した時にオヤツを全部捨てるのも、禁煙をする時にタバコや灰皿をすべて捨ててしまうのも、この「それ以外の選択肢がない状態・環境」に自分を追いやる手法です。

悩みの書き出し（ジャグリング禁止）↓**分析（仕分け）**↓理由の解明↓解決手段↓追い込み（環境の強制）。

こう書くと簡単なように見えますが、なかなか難しいです。

〝株式会社・自分〟の社員たち、社長であるあなたの言うことを聞かない「小さな自分」たちは、あなたの敵ではありません。やっぱり「自分」なんです。

彼らとよく話し合い、お互いが幸せになれる道を見つけましょう。

それが、それだけが、「理性」「理屈」にできることだからです。

ステージ8　思考ツールを使ってみよう(1)

本章では、岡田斗司夫式思考ツールを紹介します。

これまで説明してきたものも含まれますが、僕は「悩みのるつぼ」の回答を作るのに次のような11個の思考ツールを使っています。

1　分析
2　仕分け
3　潜行
4　アナロジー
5　メーター
6　ピラミッド

7　四分類
8　三価値
9　思考フレームの拡大
10　共感と立場
11　フォーカス

これらは本で読んだとか習ったものではなく、「考えているうちに自分で見つけた思考パターン」みたいなものです。

僕は「スマートノート」という独自のノート術を使っています。そのノートには毎日、何を考えたのかの軌跡が細かく書かれています。

「いつも同じようなパターンで考えているなぁ」「僕がモノを考える、というのはだいたいこの11種のどっかに当てはめてるだけだよな」と実感しています。

つまり、自己流の思考パターンというわけですね。

1　分析
2　仕分け

この二つはこれまで何度も繰り返しましたね。

思考ツール1 分析

まず相談文をよく読むこと。内容のディテールや過激な表現に惑わされず、はっきりと本質を読むこと。

何が問題点なのか、本当は何を相談したいのか?

相談文すら疑って、推理しながら読む。

これが**分析**です。

思考ツール2 仕分け

仕分けは、その悩みを「解決できるもの」と「解決できないもの」に、どんどん分けていっちゃう、という考え方です。「解決できないもの」「緊急でないもの」は一旦忘れて、頭の負荷を減らす。負荷を減らしてリラックスした頭で、「目前の」「解決可能な」問題にのみ意識を絞る。

また、自分の問題か他人の問題かを基準に分ける方法もあります。

つまり、自分がどうにかならなきゃいけない問題と他人をどうにかしなきゃいけない問題に分けていくんです。
これが**仕分け**です。

思考ツール3　潜行

何か問題があった時、「なぜ？　なぜ？　なぜ？　なぜ？」と、深く考える思考法、疑いながら潜っていく方法です。

これを僕は**潜行**と名づけました。

たとえば「やはり僕は腹が立ってどうしようもありません。どうすればいいでしょうか？」という場合。

どうするかを考えるより前に、「なぜ腹が立つんだろう」「その腹が立つということは、正しいことか間違ってることか」「正しいか、間違ってるかに関係なく、損か得か」「なぜ、それを自分は損と考えるんだろう。そもそも腹を立てて得なことって何だろう」というふうに、どんどん深く深く考えていく。

考えれば考えるほど抽象的な思考になって、底がないような気がしてきます。でも大丈夫。面白いもので、ひたすら潜るとどこかで「底を打つ」瞬間があるんです。

これを僕は「プールの底に手がつく」と呼んでいます。

ず〜っと考え、なぜだろう、なぜだろう、なぜだろうと潜っていくと、どこかで自分の気が済む瞬間が絶対にあります。

それが「プールの底に手がついた」瞬間です。

ここまで考えたら、あとは簡単。そこから先は「じゃあ、どういうふうにしよう」と浮上するだけです。

悩むんだったら、考えるんだったら徹底的に考えるべき。プールの底に手がつくまで考えないと、また数時間後に同じ場所に潜るだけです。何度も同じ場所に潜ったら苦しいに決まってる。問題が底なしに思えるに決まってるんです。

ちゃんと「底」まで潜らないとダメ。そのためには「知的肺活量＝胆力」も必要だし、「遊泳技術＝論理思考力」も必要です。

この両方は、常に「なぜだろう？」と考え、それをノートなどに記録し続けることで生まれます。

詳しくは拙著『スマートノート』に書きましたが、僕のブログでも該当部分を公開しますので、興味のある方はご覧ください。

大体の思考法は、何か問題があったら潜らずに、「じゃあ、どうしよう、こうしよう、こうしよう」と、上へ上へ積み上げていってしまうんです。

よくあるロジカル・シンキングとか問題解決法もみんなそうです。

何があれば、問題は解決するだろう。キャリアがあればいいんだ。どうやったらキャリアを伸ばせるだろうか。資格をとればいいんだ……と、「上へ上へ」の積み上げです。

だから僕は、あんなものは役に立たない、といつも公言しています。

よくある流行りのダイエット法も同じです。

怪しげな奴に限って、すぐに効能を言い出す。

「すぐに簡単に痩せたいでしょう？　それには秘密があります。どうすれば痩せるのか教えましょう」というふうに、痩せる方法ばっかり言うんです。

こういうのはダメ。役に立たない。

レコーディングダイエットの考え方は、まず潜るところから始まります。

「私は太ってる。なぜ太ってるんだろう？」

「太ってるのはなぜイヤなんだろう？」

「なぜ太り続けるのがやめられないんだろう？」

「過去にダイエットしたのになぜ失敗するんだろう？」

……

「なぜ？　なぜ？　なぜ？」と潜っていったら、ポンと底に手がつきます。

「そうか！　俺って太り続ける努力をしてたんだ！」

これが「プールの底」です。

「俺ってダイエットもできないダメな奴だ」と思ってたんだけど、そうじゃない。

「四十何年間、1年365日、1日24時間、太り続ける努力をまったく惜しまない頑張り屋さんだったんだ」

そう気付くと自然に「そんなに頑張らなくてもいいんじゃないのか？」と思える。

この認識を得れば、やっと痩せることができます。

潜行をしないで、「どうやったら痩せられる？」「こうやったら痩せられる？」「ああやったら痩せられる？」って考えていると、誰もが思いつきそうな回答しか出てこない。そんなのはもうみんな試しているのに。

「適度な運動を続ける」

「カロリー制限をする」

そんなことができないから悩んでるはずなのに、とにかく「どうすればいいのか」ばっかり考えちゃうんですね。

どうすればいいのかなんて考えるのは、最後の最後。

というより、底まで潜って「手がついた」ら、自然に解決法が浮かんできます。そういうふうに、自然に浮かんでくる解決法以外はすべて考えるに足りません。

人間の頭は、この潜るほうに使えばいいのです。浮上の方法は勝手に思いつきます。

限界まで潜れば、あとは勝手に身体が浮上する方向を見つける。つまり「無意識が解決法を勝手に考えてくれる」わけです。

これが思考ツール、**潜行**です。

潜行の具体使用例を紹介しましょう。

女優と結婚したいです……◆相談者―男子高校生／16歳　2011年7月2日／朝日新聞／朝刊

16歳の高校生男子です。

毎日ダメな生活ばかりで嫌になってきました。まず、パソコンづけ。主にアダルト動画です。最近ではその欲も薄れてきたのですが、習慣になってしまったのか、ダラダラと一日中見入っています。その後、必ず後悔するのです。

勉強もあまりできず、小学校の時からバカにされてきました。それが嫌なので、頑張って力つけなきゃと思うのですが、色々と小理屈をつけて逃げてしまいます。それで、ここまで来てしまいました。どこまで落ちていくんだろうと、我ながら末恐ろしくなります。

こんな情けない僕ですが、大きな夢があります。笑われるかも知れませんが、ある女優と付き合いたい（結婚したい）ということです。変なことは考えていません。ファンサイトの管理人の方にメールで相談したら、猛反対されました。

ストーカーのような行為に走らないか心配、相手が一般人ではないことを認識しろ、どんなに好きでも、高校が近くても、一定の距離を保ってファンとしてその女優さんを見守ってほしい、悪気はなくても結局、相手に迷惑を掛けることになるから、と言われました。

でも、ぼくは全くあきらめていません。おかしいのでしょうか？　何が相談したいか、わからなくなってしまいましたが、ご意見よろしくお願いします。

◆回答者─岡田斗司夫

あなたのやってることは「ダメ」じゃない。

「気楽」です。

アダルト動画も女優との結婚妄想も、実に金のかからない気楽なお遊びです。やめる必要もないし、ずっと続けてOK。こういう大人もいっぱいいますよ。

各年齢ごとに10万人、10代〜70代までで合計700万人ぐらいいるんじゃないですか？　いまの気楽な生活こそ生涯で一番幸せな時期かもしれません。

でも、あなたにはプライドがある。「こんな生活をしてちゃダメだ」「どこまで落ちていくんだろうと我ながら末恐ろしく」と考えちゃう。せっかくの「気楽な生活」に自分でダメ出ししてる。

だから不安で苦しい。仲間もバカにする。アダルト動画に逃げても最近楽しくない。でも他にすることも思いつかない。

そんな自分が許せず、自分をダメと決めつけるプライドだけは高い。

あなたは業が深い。

そういう人間に向いている職業がたった一つあります。

作家です。

作家になるための前提は三つ。

妄想力、世間からバカにされていることへの恨み、それ以外のとりえのなさ。

相談からすると、あなたは3条件を見事にクリアしています。自分のダメさがどれほど本物か、賭けてみる値打ちはあるでしょう。

「るつぼ」回答者の車谷長吉先生をごらんなさい。おそらく高校の頃はあなたとそっくり、いやそれ以上にダメ人間だったはず。40歳過ぎまでダメを貫き通し、ついに作家として立派な賞を取りました。

怠け者で、性欲など欲望が強く、ひねくれて、なによりプライドだけは高い。まったく、あなたは私とそっくりです（笑）。

私たちのようなダメ人間が、作家などクリエーターを目指す方法はただ一つ。毎日、作品を書くこと。その女優としたいことを書きなさい。豊富な今までの知識を総動員して書くのです。

いままでのアダルト動画漬けの毎日をムダにしないため、あれは取材だったんだ、と割り切りましょう。

周囲のバカにする目つきも、私たちにモチベーションを与えるための逆境です。

これまでのダメ人生と、高すぎるプライド。この二つを自分の資産にするのです。

憧れの女優さんもクリエーター、つまりダメ人間です。

女優以外には取り得《え》がなく、そこに集中したから成功できた。

あなたが作家を目指せないんだったら、彼女のような「本当のダメ」じゃない、ということです。

普通に、真面目に生きてみましょう。

この相談、実は女優の名前まで書いてあったそうです。

高校生なら誰でも知ってるような女優さんの名前を出して、この人とどうしても結婚したいと書いてある。

こんな相談に、どのように役立てるのか。

もうこうなったらしょうがないです。

男性だったら誰でも「女優さんとかアイドルと結婚したい」とか、「恋愛したい」っていう気持ちはありますよね。男子だけじゃなくて女子でも持ってる。どんな人でも一度ぐらい、アイドルや芸能人に恋をしたことはあるはずです。

じゃあ、その思いに対して、僕たちはどうやって蓋をしているのか、なぜ今は、この相談者のような無謀な望みを持たなくなったのか？

その蓋の仕組みを解明するしかないんです。

「そんなこと考えてもムダ」「おまえはだからダメなんだ！」と言っちゃダメ。

「確かに俺もそんな妄想することがあるけども、どうやって俺はそれを諦めてるんだろう」

「どうやってこの気持ちと折り合いつけてるんだろう」

という形で考えて答えないと全然回答にならないんですよね。

だから潜行するしかない。

ひたすら自問自答を繰り返します。


「なぜ結婚できないんだろう」

「いや、そんなのダメに決まってる。普通の男ではダメに決まってる。せめておまえ、勉強ぐらいしろよ。せめて金持ちになれよ」

「金持ちになったら好きな女優と結婚できるの？」

「そりゃできるよ」

「ウソだよ。金持ちになったら女優の〝誰か〟とは結婚できるかもだけど、〝その〟女優と結婚できるとは限らないじゃん」

「それは恋愛だから当たり前なんだ」

「なぜそれが恋愛だから当たり前って言えるの？　恋愛ってそんなにつらいものなの？　もしくは、そんな不確実なものなの？　そんな手に負えないものなの？」

「いや、それが恋愛だから。みんなそれでやってるから仕方ないよ」

「みんなそれでやってるっていうのは、みんなはいい加減な恋愛しかしてないからかもしれないでしょ？　この俺は純愛というのをちゃんとやってるから、その女優のことが好きなんだから」

「その純愛ってみっともなくないのか？」

「恋愛ってみっともねえもんだろ」


このように、一気にガーッと潜っていくしかないんです。


潜行をやらずに浅いとこで答えようとすると、

「そんなこと考えてもしかたがないよ。ちゃんと勉強しなよ」

「サークルとかビジネスとかで成功したら、女の子も振り向いてくれるかもよ」

などの、いわゆる「浅いレベルの回答」しかできない。


浅いレベルの回答だったら、世の中にゴロゴロ転がってます。ヤフー知恵袋を見ればそれこそ、いくらでも転がっている。

それをやってもしょうがない。

深いとこまで潜らないと、「いわゆる」以上の答えは摑めない。

「恋愛というのは実はどれぐらい不条理なもので、嫌なもので、怖いもので、だからこそ僕らは惹かれてしまう。でも、本当の恋は人間を幸福にするんだろうか？　それは〝祝福〟であると同時に〝呪い〟かもしれない」

こんな疑問や問いかけを繰り返し、自分の心の奥底にひたすら潜る。その海の底とかプールの底にタッチする。

底の底まで潜っていった時に、「あ、ここが限界だ」というポイントが必ず見つかる。

今回の回答で言えば、「けっして報われることのない恋愛に〝取り憑かれて〟しまったなら、マジメに働く人生のレールから外れてしまったなら、アウトローとして誇りを持って生きる道を探してみたら？」というのが、僕の限界ポイントでした。

思考ツール4 アナロジー

思考ツール、次は**アナロジー**＝たとえ話です。

さきほど僕は、物の考え方を**潜る**というたとえ話で説明しました。これも**アナロジー**の一つです。

なぜ**アナロジー**＝たとえ話を思考ツールとして使うのか？

人間が考えていることは、どれだけ複雑な思いでも、しょせん言葉に置き換えるしかない。

日本人である限り、使える言葉が日本語なら、考える＝日本語化する、という枠からは逃れられない。

枠と考えるより、逆に「日本語や言語の特性を活かして考える」ほうが効率よく思考できる。この「枠」を取り違えるとしんどいことになります。

どんなに深く考えてみても、「なんか俺の悩みって本当はこうじゃない気がする」「そんな言葉じゃない気がする」と迷ってしまう。

つまり、人間が物を考えるというのはちょうどいい言葉、ぴったりのたとえ話を延々と探してる、とも言えるわけです。

ストレートに考え抜くよりも、いま自分が置かれている状況や感じている気分に一番近い「たとえ話」を探すほうが、実は考えたり説明したりする時に手っ取り早いし、客観的になれます。

動物でいうとどういう行動だろうか？

機械でいうとどうだろうか？

スポーツ選手でもいいですし、天文学でもいいです。いろんな方向から「たとえ話」を考えてみる。

前の章の「株式会社・自分」というのも**アナロジー**です。

なぜ、自分は自分の思い通りにならないんだろうか。これをストレートに考え過ぎても限界があります。

それより、自分は中小企業の社長みたいなもんだと考えてみる。

もしくは、自分は人徳のない学級委員みたいなもんだ、だからクラスのみんながあまり言うことを聞いてくれない、というふうに考えてみる。

そうすると、いきなり「なぜ自分は自分の思い通りに行動できないのか」の何割かがパッとわかるんです。

その瞬間のパッとわかった「ヒラメキ」は、さまざまな場面に応用が利きます。また、思った以上に人に伝わります。

ストレートに考えても、あまりいい考えが浮かんでこない。

そういう時こそ、**アナロジー**です。

自分が悩んでいる状況に似たような現象や気分を、いかに違うモデルから持ってこられるか。

何でもいいんです。その瞬間に発見した「あっ！」というヒラメキが、自分を楽にしてくれます。

思考ツール5　メーター

次はメーターです。

メーターというのは、「禁煙プレゼント」の回答の時に僕が説明した「今100ポイント苦しいですか？　じゃあ、それが50になればいいじゃないですか」という考え方です。

人間というのは何かを考える時、つい100かゼロかで考えちゃう。

「彼が好きなの。彼とつきあうにはどうすればいいの？」

「つきあえないのは絶対イヤなの」

こう考えてる人、多いです。

そこで**メーター**です。

つまり「絶対イヤ」を「100イヤ」と言い直して、50とか60だとどうだろうかと考えてみる。

完全解決を望むと、達成は非常に難しくなる。

自分の感情や価値観について、メーター表現すると、急に客観的になれます。

何カ月か前に、実際に学生に相談を受けたのが、「行動力がないんです。どういうふうにすればいいでしょうか?」という悩みでした。

こういう悩みにも、メーターは有効です。

「じゃあ、今の君の行動力を『10行動力』としよう。君の周りの人たちは『何行動力』持ってるの? 20? 30? 君はいくつ欲しいの? 他の人と同じ30? それとも50?」というふうに聞いてみたんです。

『ドラゴンボール』の戦闘値みたいな表現です。

彼女はそう聞かれて、ビックリしてました。そんな発想はまったくなかったからでしょう。

行動力がない、ということは問答無用で悪くて、行動力があるのがいいことに決まってる。だから、岡田先生に相談したら「どうやれば行動力が出るのか」を教えてくれるはずだ、と考えていた。

あるいは、「行動力がないってのはこんな困ったことや損なことを巻き起こすよ。だから行動力は大事だよ」ってダメ出しをしてくれると思ってたのでしょう。

でも予想外の説明が始まったわけです。

「ほう、君には行動力がないのか。じゃあ、君は行動力がゼロなんだね?」

「はい」

「でも、ゼロだったら俺に相談するはずがないよね。事実、今、俺に『私は行動力がない』って相談してるんだから。

今まで君は、自分の行動力をゼロと思い込んでた。でも、ゼロじゃない。仮に、今の君の行動力を10としよう。君の周りの行動力がある人の行動力は？」

「30とか40ぐらいですか」

「ほう。じゃあ、世の中のすごい人というのはどれぐらい行動力があるんだろう」

「まあそりゃ、50とか100ぐらいじゃないですか？」

「で、君は10あるんだよね。これが30になりたいわけだよね。でも一気に3倍は難しいね。どうやれば10にプラス1で、合計11になるだろう？」

ついに彼女は笑い出しました。


この会話で、この学生の問題は別に何一つ解決していません。

自分には行動力がない。だから行動力が欲しいと思っていた。

で、僕に相談したわけです。

この相談の結果、行動力がついたわけではありません。

でも自分がいる位置、自分の座標が確認できるようになった。だから笑ったんですね。

てっきり自分の行動力はゼロで、世の中には100の人がいっぱいいるのに、自分はダメダメ人間だと思っていた。

どうやれば100になれるのか知りたい、それで頭がいっぱいだった。

でも実は自分の行動力はゼロじゃなくて10ある。

それを11、12、13というふうにしていけば、じわじわと30に近づける。

このように、認識が変わったわけです。

おまけに、僕はたたみかけました。

「君の周りの人はみんな、30行動力がある。本当か？

君の友達の中には、行動力がある奴もいれば、ない奴もいるよね。

つまり普通の人の中には、君より行動力ない奴も多分いるはず。

聞きたい質問があっても、僕に質問できない学生なんていっぱいいるだろ？

ということは、だ。『普通の人』の行動力は、行動力5から30の間に分布してるんじゃないのかな？

で、だいたい、分布っつうのは正規分布というやつで、ベルカーブを描くはず。だったらボリュームゾーンというのは10～20の間にあるんじゃないの？」

というふうな話までしたら、気が楽になりませんか（笑）。

繰り返しますが、これで彼女の問題、何一つ解決してないです。

行動力も全く上がってない。

でも、気が楽になることだけは確実です。

「悩みのるつぼ」というのは、自分の中にある問題が〝るつぼ化〟していることです。つまり、彼女の悩みというのは「自分に行動力がないこと」ではなくて、「行動力がないということがコンプレックスになって苦しんでること」が問題なんです。

この苦しみを軽減するというのが僕の考え方です。

「どうやったら行動力がつくんだろうか?」というのは、問題の解決を望んじゃっている。その思考法では限界がある。自分を楽にできない。追い詰めてしまって、ロクなアイデアも出てこない。

そういう時に有用なのが、この思考ツール、**メーター**です。

「まず、自分をゼロとしよう。いや、本当にゼロか?」「いや、ゼロじゃないよな」こういう考え方の手順です。

「俺、頭悪いんですよ」

「じゃ、人間の頭のよさというのを1から10まで並べたら、君はどこだ」

「ゼロです」

「いや、1から10って言っただろう。大体ゼロだったら、おまえ、ここに来られねえよ。靴、自分で履けてるじゃん」

「じゃ、1です」

「1としよう。本当に君の周りにはバカいないんだよな。君以上のバカはいない」

「いないです」

「最近、君、他人をバカだな、と思ったことある？」

「あります」

「じゃ、君以上のバカいるわけだよな。じゃ、そいつを1として君は2としよう」

こういうやりとりで、徐々にこの**メーター**の数値をリアルな範囲に落とし込んでいく。

人間はついつい自分を過剰に否定的に考えるか、もしくはメッチャ数字多めに考えてしまうんです。

「僕は超ラッキーなんですよ」という人も、やっぱりこの**メーター**が振り切れちゃっている。それのおかげで苦しんでる場合もある。

自分や情況を、まず数値化して、「だいたい、どのあたりにいるか」を数字や物差しでイメージする。

すると客観的になれて、気が楽になる。これが思考ツール、**メーター**です。

思考ツール6　ピラミッド

次は**ピラミッド**です。
さっきの**メーター**と似てるんですけど、「全体の中の位置付け」で考える方法です。
「悩みのるつぼ」では、「女っ気ない息子が心配」という相談で使っています。

女っ気ない28歳の息子……◆相談者―主婦／50代　２０１１年４月９日／朝日新聞／朝刊

60歳手前の主婦です。大学進学で親から離れてかれこれ10年になる28歳の息子がいます。

昔から女の子にモテナイというか引っ込み思案でした。背格好は普通の、地味で目立たないいわゆるイケテナイ男子です。

私が知る限りでは、今まで彼女は一人もいません。大都会の企業で働いてはいますが、満足な給料はもらえていません。

息子の中学高校の同級生では親になった人も少なくありません。いまだ彼女もつくれない息子を見ると地団太を踏みます。冗談でも本人や夫に聞けませんが、28歳でまだ童貞なのだろうか、性欲の処理はしているのかという余計な心配もします。

女性経験を持つと、おしゃれに目覚めたり、着る物や下着に気を使ったりするといいます。帰省する息子のダサい髪形と流行無視の格好は相変わらず。はき古したトランクスを洗濯するたび、この子の下着を洗ってくれる女の子は一生現れないのかと思い、情けなくなります。陰で遊んでくれていたらとも思うようになりました。口下手で不器用な息子は今年のバレンタインもきっとチョコには縁遠かったでしょう。

女狂いの息子に困り果てている母親もいるでしょうが、私は逆で、せめて30歳までには人並みにチェリーボーイだけは卒業して欲しいと願っています。こんなことを思う母親って、私だけでしょうか。


正直、僕もいろいろ書きたいわけです。

朝日新聞の紙面を俺に見開き2ページまるまるくれたら、とつい考えちゃいます。メッチャいい図解を使って、そのお母さんが大笑いして呆気にとられて、息子もなんとかなる、ぐらいのものは書ける気がするのに。

でも1000文字ぐらいしかないんですよ。

ほんとに何も書けない、1000文字って。

だから、どう言えばこのお母さんわかるかなあ。このお母さんが傷つかなくて、おまけにスッと気が楽になる方法がないかなあ。

……と考えるわけです。

僕にとって「悩みのるつぼ」は、「そのお母さんの苦しさを軽減させる」のが目的です。「その息子をモテるようにする」ことは眼中にありません。

というより、「そんなこと、無理じゃねえか」と思います。

その時に考えたのが「男女のモテ・モデル」です。

こういうふうに書いてみました。

◆回答者―岡田斗司夫

25〜30才の女性を恋愛市場価値順に並べます。価格は100万円〜ゼロ円としましょう。

上位5%は「モテ」、次の25%は「まあモテ」、その下の60%は「モテるわけではない」で、最下層10%は「非モテ」です。

対する男性の25〜30才を並べると100万円〜マイナス100万円。

注目すべきは最安値で、男性はゼロ円ではなくマイナスです。

分布も女性とは違い、上位5%は「モテ」、次の35%は「モテるわけではない」、その下の50

%は「非モテ」で、最下層の10%は「キモチワルイ」です。

あなたの息子は第3層「非モテ」男子です。おそらく市場価格はマイナス30万ぐらい。

オシャレや髪型に気を使うと、なんとか0円にまで市場価値を上げられるかも。

対人関係を「積極的に・明るく」と切り替えれば、なんとか第2層の「モテるわけではない」の市場価格20万円クラスにいけるかも。

つまり、あなたが考えてる程度の頑張りを息子が全部やっても、市場価格は0円。ほとんど人格改造レベルに近い努力をしても20万円です。

同世代女性の「全然モテない」人とやっと釣り合いが取れる。

これじゃ恋愛なんてするだけ損。彼女つくる気が起きないに決まってます。

息子がかわいそう?

じゃあ仮にあなたがいま、25才の普通の女性だったら、どんな人と付き合いますか?

さっぱりした外見で、自分を好きだと積極的に言ってくれる。ワガママを許す優しさも頼りがいもある。イケメンでなくても付き合ってみようかな。上を見てもキリがないし。

「中身がいいんだよ」って友達に紹介できるし……。

これが「性格の良い女子」の考え方です。

わかりますよね?

そしてこれらの条件を満たす男性は市場価格50万～60万円クラス、上位10～20%の優良物件です。

「男性の外見を気にしない性格の良いお嬢さん」の視界にすら入らないんですよ。「非モテ」男性は。

ではどうするか？

ほっといてあげましょう。非モテ30歳でも5年待つと、同年代女性の恋愛市場価値が暴落します。女性はマイナスにはなりませんが、15万～20万程度の値頃な物件になって、そこらにゴロゴロ転がってます。

その時にこそ、息子が自分磨きをして恋愛市場価値を20万ぐらいに上げていれば、彼女ができるかもしれません。

とりあえずそれまでほっといてあげてください。「お年頃女子の心を忘れているママ」へのお願いです。

男性の恋愛価値をプラス100万円からマイナス100万円に分類します。100万円払ってもお付き合いしたい男性から、100万もらったらお付き合いしてもいい男性、までにレベル分けするわけです。

図のAゾーンの人を「モテ」、Bゾーンの人を「モテるわけではない」、で、この下のCゾーンを最近の言葉では「非モテ」といいます。

「モテる」に縁がない人のことですね。で、Dゾーンが「キモチワルイ」です。

「非モテ」と「モテるわけではない」の差は、「もう俺、頑張って女の子を追っかけて一生懸命口説かないと全然ダメだよ」というのが「モテるわけではない」です。

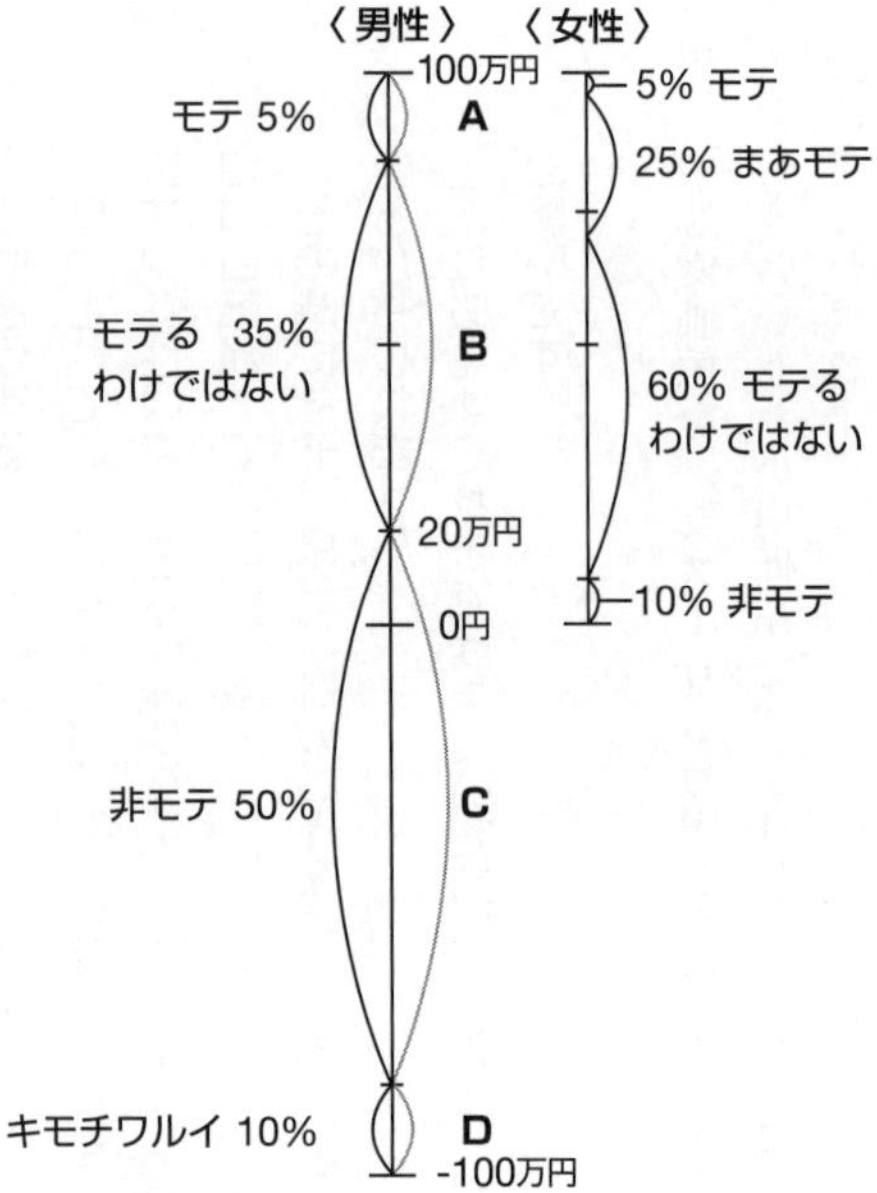

「非モテ」というのは、「そんなことを俺が今さらしても」という状態ですね。

お母さんが悩んでるのは、「うちの息子、どのへんですか」ってことだけど、多分Cなんです。「非モテ」ゾーン。

つまり、恋愛市場価値がマイナス30万円ぐらい。

男性はこういう分布ですが、女性の恋愛市場価値の分布はまた違います。最低がゼロ円なんです。

これを話すと女の人が時々、「そんなことないです。女にもマイナスがあります」と言うんですけど、そうじゃないんですよ。

恋愛市場価値と言ったり、100万円と値段をつけてるのには基準があります。ぶっちゃけて言うと、風俗で働かせた場合の値段です。

あらゆる女には絶対に値段がつきます。

ホームレスのおじいちゃんは、ホームレスのおばあちゃんを食パン1枚でちゃんと買っています。

つまり、どんな女の人でも絶対に食パン1枚分の価値はあるんです。

僕が昔、天王寺の夕陽丘予備校に通っていた時に見かけたホームレス同士の売春では、一番安いホームレスのおばあちゃんの値段は、うどん一玉でした。

なので、食パン1枚、うどん一玉あたりが女の人とセックスするのに必要な最低経費と考えたわけです。

それ以下、つまりお金をもらってもやりたくない女の人というのはありえない。実際に、風俗業界に行くと、どんな女でも絶対に値段がつくというのはプロの業界人だったら誰でも知っています。

なので、女性の恋愛市場価値というのはゼロ円から始まるわけです。

男性の恋愛市場価値というのは、女性が100万円出しても付き合いたいと思う人から、「いや、金を出す、出さないの問題じゃないでしょう」というゼロ円まで存在する。

「お金でももらわないとあなたとは付き合ってあげないわよ」とか、「結婚を約束してくれないと、あんたとは付き合ってあげないわよ」っていう、このへんがマイナスゾーンですよね。

この価格のバランス、分布の非対称性が男女の妙です。

では、なぜこのお母さんの誤解は生じているのか。

実は、かつて女性の恋愛市場価値というのはゼロ円以下のゾーンも存在していたからです。

大昔から、昭和40年か50年ぐらいまでの話です。

この時代には、「お嫁に行けない」という言葉がありました。

「あなた、そんなこと言ったらお嫁のもらい手がないわよ」という発想がごく普通でした。

女性に生活能力とか現金収入を得る能力というのが与えられていない時代だったからです。

そういう時代には、女性はどこかでお嫁に行くことを考えなきゃいけないわけで、「どこかからもらってもらえない＝マイナス価格」になることもよくあったのです。

当然、横を見ると同じぐらいのマイナス値段の男がいるから、男女は釣り合っていたわけですね。

ところが、女性が経済的に自立してしまった。お嫁に行かなきゃいけないという枠が外れてしまった。

その結果、あらゆる女性の恋愛価値というのはゼロ円以上になりました。

でも、さっきのお母さんは「うちの息子も、ダサいとはいえ普通の男の子じゃないの。どこかに、うちの子に見合うお嫁さんが……」って考えるわけです。

そうはいっても、いない。

この息子が今からうーんと努力するとします。

人見知りでちゃんと話せなくて、対人能力もすごく低いそうですけど、一生懸命、一生懸命、一生懸命努力したら、恋愛市場価格をたぶん0円くらいにはできるでしょう。

そこまでプライドを捨てて自己改造する努力をやっても0円。

それでも「まあモテ」&「モテるわけではない」の女の人たちにしてみれば、ほぼ視界に入らない。

だから「そういうふうなことをやってもあまりいいことありませんよ」って話を、ザックリ説明しました。

新聞には図解とか載せられないのが残念でした。

自分の相対的位置を考えること。

いろんな順序で並べた時、その分布を考えて自分の立ち位置を知ること。

これが、**ピラミッド**という思考ツールです。

恋愛ピラミッドの中で、自分はどのあたりの位置にいるのか。どのグループにいるのか。

大体の男はプラス100万円からマイナス100万円の間にいて、それを人数分布にしたら、おそらくピラミッドじゃなくて涙滴形になるだろう。

女性はゼロ円からプラス100万円ぐらいのスライム形だろう。

このように図解で考える。

ところで、ここで言ってる女性は20代半ばぐらいを想定しています。

意地悪な話になりますが、女性の年齢が30代後半から40ぐらいに上がってくると、0円近辺のボリュームがどんどん増えていきます。

もちろん0以下にはなりません。でも数万～10万円程度の「お値打ち物件」は待っていれば必ず現れます。

いま30手前ぐらいの男が一番モテないのです。

あと10年そこで踏ん張って、そこでプラス5万円あたりに自分の価値を持っていけたら、急にお似合いの女性が増えてくるから大丈夫！　という回答なんですね。

これもピラミッドの考え方です。

ピラミッド思考では、「自分がモテるか、モテないか」は重要ではありません。

自分がいるグループ、自分よりモテるヤツのグループ、自分よりモテないヤツのグループと、カタマリで捉えることから始めます。

自分がモテないグループだったら、はたしてモテる奴はどのぐらいいて、すごくモテる奴はどれくらい、そして自分よりモテない奴はどれぐらいいるんだろうか。

それを無理やり上下関係込みのピラミッド図解にしちゃう。

上下関係とボリュームで捉えると、過剰な悲観や楽観から逃れられます。

同じようなモデルを見つけて、思考ツール、**アナロジー**を使えれば、いろんな対応策も考えやすくなります。

自分や自分の問題は、一人きりじゃない、ということ。

上位グループと下位グループの間で、最適の生存戦略を探すこと。

これらはすべて「**ピラミッド**の中で言うと、自分はどこだろう?」という発想から生まれます。

これが思考ツール、**ピラミッド**です。

フランス人は「世界でもっとも論理的な民族」と自任しています。幼い子供にも理屈で反論させることを教えるし、彼らは確かに世界でも有数な「議論好き」の人たちです。

フランス人の論理性は、彼らの日常会話でも鍛えられています。

フランス人って、まずだいたい、人の言うことに賛成しないんですよ(笑)。個性的なことを何より尊び、他人と同じ意見やスタイルになることを何より嫌う人たちです。だから誰かが意見を言うと、その場の全員が「違う!」と言います。

面白いことに「違う」と言ってから、その理由を考えるそうです。

「いや、アナタの言うことは三つの理由で間違っている。一つ目は〜」と語り出し、一つ目を言ってる最中に二つ目と三つ目を考えるとか。しかし話しながら考えるので、三つ目なんかちゃんと思いつきません。結果、最後まで意見を言わせるとグダグダになる人も多い。

しかし、こういう日常の訓練が彼らの論理性を鍛え上げているのです。

「人権」「三権分立」「国民主権」「言論の自由」など、僕たちの社会のインフラとなっている思想も、このめんどくさい議論好き民族フランス人から生まれました。

思考ツール7 四分類

というわけで、考えを整理する時、いくつかに分類するのはたいへん役に立ちます。

だからといって、毎回「これはいくつに分類できるかな？」と考えるのは大変です。

そこで僕のオススメは、なんでもかんでも、とりあえず四つに分類しちゃう、というフォーマット化。

これが思考ツール、**四分類**です。

クラス替えでビミョーです……◆相談者―中学生／14歳 ２０１１年６月４日／朝日新聞／朝刊

中３の女子です。

新学期のクラス替えで、部活の子（＝Ａ）と同じクラスになりました。

ＡはＫＹで協調性がなく、感情の起伏が激しいので、学年のほとんどの女子から嫌われていて、中１のときから孤立しています。

私もAのことはちょっぴり苦手だけど、無視も意地悪もせず普通にしゃべるので、Aにとっては「私しかいない」状態で、今回同じクラスになったことをとても喜んでいます。

でも、私はビミョーです。

私が見捨てたら、Aが一人になるのは目に見えているので心が痛むのですが、Aといると、他の女子は離れていってしまいます。

お弁当を食べる時も、私ひとりなら受け入れてくれるグループも、Aと一緒だと嫌がるのです。これから1年間、Aと2人っきりと考えると、それは苦痛です。

今年は中学校最後の1年ですし、修学旅行もあります。

私としては、もっといろんな子と遊んだり、話をしたりして、ぜひ楽しい1年にしたいと思っているのです。

そのためには、Aとのことをどういうふうにすれば、いいのでしょうか。

岡田先生のファンで、いつも楽しみに読んでいます。ぜひ先生に回答をお願いします！


さて、どう答えましょうか。

彼女の問いに答える前に、「ふつう、こういう場合ってどんな戦略をとるのかなぁ？」と考えてみました。

Aさんを無視する？　みんなに訴えかける？　「いい人」になって、Aさんを助ける？

考えた戦略オプションを、とりあえず四つに分類してみます。

すると意外なことが発見できました。

人間というのは、

「バカ正直」か「ズル賢い」のどっちか。

そして、他人との関わり合いは、

「お節介《せっかい》」か「弱虫」かのどっちか。

この2×2の組み合わせで4種類に分類できるのです。

◆回答―岡田斗司夫

人間は「バカ正直」か「ズル賢い」か、どっちか。

そして他人への関わり方は「お節介」か「弱虫」か、どっちか。

つまり、あらゆる人間は
「バカ正直＆お節介」

「バカ正直＆弱虫」

「ズル賢い＆お節介」

「ズル賢い&弱虫」

の4種類のどれかです。

「バカ節介」ならAから逃げず説教するでしょう。

「あんたがそういう子だから友達ができないのよ!」とウザがられても離れず説得するはず。なにせバカ正直でお節介なんですから。

「バカ弱虫」はAのことを我慢しながらも逃げられずイヤイヤ付き合います。これまでのあなたの戦略はバカ正直だけど弱虫なんですよね。

「ズル節介」はAに「ひと言だけ言ってあげるけど」と怒鳴って、それきりサヨナラです。いちおう説教するだけのお節介は持ってるけど、ズル賢いので深入りはしません。

「ズル弱虫」は最初からAと友達になりません。遠巻きに無視する。これがズル賢く弱い人間の戦略です。

あなたのこれまでの戦略「バカ弱虫」はもう限界です。となると、残り三つから選ぶしかありません。

・弱虫→お節介になって、Aの性根を叩《たた》き直す。
・バカ正直→ズル賢くなって、Aから徐々に離れ、みんなと一緒に無視する。

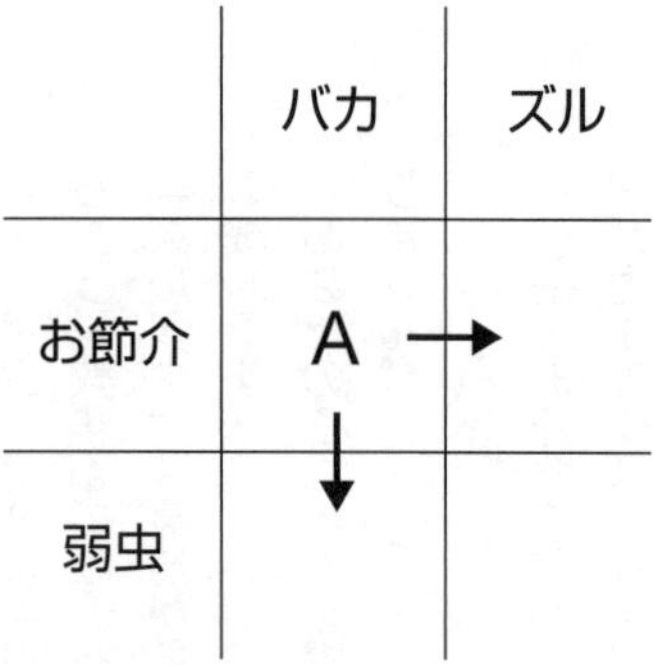

・弱虫もバカ正直もやめて、今まで言いたかったことをAに怒鳴り、さっさと逃げる。

いわゆる究極の選択です。どれを選んでもしんどいでしょう。あなたは弱虫のくせに今までバカ正直にAに付き合ってあげた。「なんで私が?」とイヤになりながら、よく頑張りました。そんなあなたのことを僕は良い人だと思う。たぶん好きです。きっとAも他の友達も、あなたの「弱虫だけどバカ正直」な部分が好きなんですよ。

でも、あなたはAと同時にこれまでの「好かれる自分」を捨てて、これからのために生まれ変わるんですよね?

そんなあなたのために、大人の私からズル賢いアドバイスです。

四つのうちどれを選ぶか、これから仲良くなりたい友達に相談してみなさい。彼女たちにも四つの選択肢を考えさせる。これであなたは、友達の輪に自然と入れるし、同時に、友達からAへの扱いも微妙に変化するかも。あなたが見捨てるAにも変化のチャンスが与えられます。

Aもあなたも大事なモノを失うのは同じ。見捨てるしかない。Aも、自分の一部も。

生まれ変わりなさい。生き残るために。


とことん正直に考えると、四つに分類できる、なんてことはないんです。当たり前ですけど。

でも、物事を考えるためには、単純にするほうがわかりやすい。ある人間が悩んでいたら、その悩みが、分類ではどこに位置するのかというのをはっきりさせたほうがいい。

はっきりさせるための分類として、4は「人間が直感的に考えられる」ちょうどの数かな、と思います。2×2の構造にすると、さらに捉えやすくなりますし。

これが3×3では、ちょっと複雑すぎてわからなくなるんですよね。

このように、分類では「正確さ」よりも「ハンドリング」、つまり操作性を優先して考えたほうがいいと思います。

さすがに女子中学生にはズバッと書けませんでしたが、本当は僕はこういうふうに書きたかったんです
「あなたはバカ正直ですか。ズル賢いですか」。

次に、「お節介ですか、弱虫ですか」。

これが四分類です。

無理やり二つの対立したものを2種類出して、2×2＝四つの枠にはめてしまう。

こうすると、彼女が持っている悩みとか考えがわかりやすくなります。

1　バカ正直＆お節介
2　バカ正直＆弱虫
3　ズル賢い＆お節介
4　ズル賢い＆弱虫

相談文には、「クラスの人間はAさんを無視している」とあります。

実は大半の人は、無視するという「ズル賢く」て「弱虫」な方法4を選択しているんです。

世間の大部分の人は4に所属している。

それに対し相談者の女子中学生は、今まで2「バカ正直＆弱虫」に所属していた。しかし、それも限界だ。

じゃあ、彼女はどうすればいいのか？

3「ズル賢い＆お節介」は、どうだろう？

「そんなことだから、あなたはみんなに嫌われてんのよ！　言っとくけどね、私ももう正直ダメ。そこ直さないと友達なんかできないわよ！」と言い捨てて、フェードアウトする方法です。

ひと言バーンと言うことで、「お節介」というスタンスを保つ。

いいことを言ってるように見えるので「バカ正直」かと思いますが、やってる行動は、実は「見捨てる」です。

「はい、あなた、今から見捨てますよ〜。見捨てる前に一発だけ、説教しま〜す。あなたのタメですよ〜」

というズル賢い対応をする。

でも、お節介であることは変えない。

これが３「ズル賢い＆お節介」です。

あるいは、「バカ正直」を貫くんだけど、弱虫をやめて「お節介」になる。

「バカ正直＆お節介」ですね。

Aと付き合うのをやめない。周囲がAを無視するなら、そっちにも説教する。人間として正しいかもしれませんが、彼女が望んでいる「楽しい中学校最後の１年」は台無しでしょう。

４「ズル賢い＆弱虫」を選択すると、どうなるか？

「ごめん、あんたの友達やってると、みんなに無視されちゃって生きていけないの。私はみんなと楽しくやりたい。だから、あなたの友達はもうできない。もう私にも話しかけないで。ごめんなさい」と言って去っていく。

逃げる自分は「弱いからしかたない」と言い訳できるし、望みの「楽しい中学校最後の1年」は簡単に手に入るでしょう。

でも、これを言い出すには「単なる弱虫」では無理。かなりハードルが高いです。

さて、相談者の女子中学生は、これまでの「バカ正直&弱虫」はやめたいと考えています。

3　ズル賢い&お節介

4　ズル賢い&弱虫

この二つが多分、いま彼女が考えている方法のはずです。

僕が書いた回答では、四つの選択肢を提示したけど「どれを選んでもしんどいでしょう」と答えています。彼女に「こうしなさい」と言ってないんですよね。

この分類法の使い方、コツはここです。

分類するんだけど、イコール「その中から選ばなくてはいけない」と考えない。分類することだけが目的であり、そこから結果を引き出そうとしてはいけない。

回答は、いきなりやってきます。

さんざん考えて、深く潜って「プールの底に手をついた」瞬間に、ふっと思い浮かびます。

四分類は、深く潜るための手法であり、回答を理屈で出す方法ではありません。

2×2の四つに分類すると物事が考えやすくなる。それによって本人の心の中にある「苦しさ」を少しでも軽減させる。

苦しさを軽減させる。たったこれだけが「悩みのるつぼ」で僕の目指す回答です。

たとえば、この嫌われ者のAさんが救われる方法まで考える必要はないんです。

相談者が人として、道徳的にどうすべきかも考えなくてよい。

相談者のつらさが軽減されれば、他の要素もたぶん落ち着くとこに落ち着くんです。

この子がいい子でバカ正直すぎたら、何と言われようとAさんとはずっと付き合うでしょう。

やっぱり普通の友達が欲しいと思ったら、なんだかんだ言っても、周りや僕がどう言っても、Aさんを無視する方向に行くはずです。

どっちに行くのかはその人次第なんです。

どっちに行くにしても、自分が決心したことに関して、

「より苦しみが少ない道」

「今までしてきたことが無駄だと考えなくても済むような道」

それを示してあげるしかない。

いま苦しんでるから、どこか別のところに行くしかないけれど、どこへ行ってもきっとつらそうだから悩んでいる。彼女が最終的に選ぶ道がどれだろうが、やっぱりつらいことはまちがいない。

ということは、

「今までのあなたのやってきたことは無駄ではありませんでした。そして、ここに行くのは立派なことですよ」

と言ってあげるのが一番いいに決まってるんです。

答えを考えてあげるのではなく、本人が確信的に、あるいは諦念で、あるいは自動的に「こしかないだろう」と決めている道を肯定してあげる。

離婚を考えて相談している人に一番いいのは、「よく今まで頑張ってきたね。離婚するのがいいと思うよ」と言ってあげるのがいいに決まってる。

本人が行こうとしてる方向を自分で決めているのなら、それを肯定してあげる。

解決にこだわってはいけない。
四分類という思考ツールも「解決するためだけのもの」ではありません。「考え方をまとめて心を楽にする」そのための思考ツールです。

思考ツール8　三価値

次は**三価値**です。

三価値とは『ハーバード白熱教室』で有名なマイケル・サンデル教授の思考法を僕なりに応用した思考ツールです。

サンデル教授の『正義論』には正解がありません。

正解がないのも当たり前、「三つの価値観」が互いに引き合い、それが時代ごとにバランスの取れる場所が偏る。その偏りそのものを吟味したり議論する。

これこそが「正義を考える」ことであり、「正義を考えること」そのものが正義に近づく唯一の方法である。

これがサンデル流『正義論』の骨格です。

日本の読者はハーバード大学の教授の教える「正義とは何か？」という答えを求めて本やテレビに飛びつきましたが、彼らが求めた「答え」など最初から用意されていませんでした。

さて、この思考法自体はサンデル教授のオリジナルではありません。どっちかというと欧米のインテリでは当たり前の思考法です。

でも、サンデル教授の「正義とは？」というまとめ方があまりに面白かったので、僕はいつも「サンデル流の三価値では」と説明に使っています。

「正義とは？」を考える時、サンデル教授はいつも三つの価値観を持ち出してきます。

一つ目が、「最大多数の最大幸福」。つまり功利主義的な考え方。

二つ目が「自由と権利」。個人の自由とか権利を最大限にする考え方です。

三つ目が「美徳の追求」。社会の構成員（大人）が自分の損得を超えた良識で「理想社会や理想の市民はこうあるべき」を目指すべき、という考え方。

このうち、一つ目と二つ目は日本人にたいへんなじみが深い価値観です。だいたい、人間というのは、この二つの価値観の間で論争する。一つの問題を検討する時「どうあるべきか」「どうするのが正しいのか」の方向性は、この二つの間で論じられる。

結論は二つの価値を両極とした中間点のどこかに落ち着くしかありません。

税金が払えないから住んでる土地を追い出されてしまう。

税金を取り立てることは正しいのか？　取り立てた税金はどのように使うべきか？

よくある論議ですよね。

で、だいたい「税金を取り立てるのはやむを得ない＝最大多数の最大幸福」と、「住み慣れた土地から追い出す権利は誰にもない＝個人の権利や自由」、この二つの価値で論争します。

二つの価値観で綱引きをする。

だから結論が出ない。

結論が出ないのはなぜか。

自由・権利を擁護する側がどれぐらい強く主張するか、功利的に最大多数の最大幸福を追求する側がどれぐらい主張するか。

なにせ両立しない考え方なので、とりあえず妥協点を探るしかない。だからお互いにいつも妥協点には不満がいっぱいになります。

たとえば、エロ漫画を例にして考えてみましょう。

エロ漫画の販売に関する規制をどう考えればいいのか？

自由・権利で考えます。

「何を描くのも自由、何を読むのも自由だ。放置してかまわないじゃないか。セックスに関して何を隠すことがあるんだ。それで人間生まれてきたんだろう。規制するほうが変だよ。何を売ってもいいよ」となります。

これが、個人の自由・権利を最大化する考え方ですね。

「てなことを言っても、世の中にはそれを嫌がる人がいるんだから、売り場くらい分けるしかないよな。何を描こうが自由？　そりゃ描くのは自由だけど、売るのは自由というのはないんじゃないか。本屋ぐらい分けようよ。エロ本コーナーぐらい分けようよ」という反論もある。

これが、社会の最大多数の最大幸福を目指す考え方です。

この二つ、かれこれもう20年以上、漫画界や出版界で論議されています。結論はいまだに出ていません。

この二つの価値観で綱引きしているけど、互いのチカラが大きくて妥協点が見つからない。綱引きなので、まったく話に発展もない。

この20年間、議論に進展が一つもない。

では、ここに三つ目の価値観「美徳の追求」を入れてみましょう。

サンデル教授の『正義論』で、「最大多数の最大幸福」「自由と権利」と並べて考察している価値観です。

エロ漫画でいうと、「どんな漫画を描こうが自由だ」というのと「ある程度の規制をすべきだろう」、この二つ以外の三つ目の軸「美徳の追求」とはなんでしょう？

なぜエロ漫画論争は20年も続きながら結論が出ないのか？

もしこの問題で街頭アンケートを取ったら、どうなるでしょう？

「どんな漫画を描こうが自由だ」と「ある程度の規制をすべきだろう」で白熱する?

いえいえ、普通の人はそんなこと考えません。大部分の人にとって、この二つはどっちもピンと来ない選択肢なんですよ。

では普通の人の「エロ漫画に関する考え」は?

あっけないほど簡単です。

「だってあんな漫画、汚いでしょ?」

「子供には見せられないし。どこででも売ってるなんて、冗談じゃないわ」

「表現の自由と言っても、汚らしいモノをなんでも発表しちゃうのは間違っている」

これが〝普通の人〟の意見です。

ところが、頭がいい人や議論が得意な人ほど、そういう〝普通の人〟の意見を切り捨てちゃう。

「エロ漫画を実際に読みもしないで批判だけしてはいけない」「大衆は愚かだから、印象だけで否定する」とかなんとか言って。

そう言われたら〝普通の人〟だって「確かに、読みもしないでエロ漫画を語る権利はないよな」と思っちゃいます。

同時に「私はそんなもの読みたくない」とも思っているわけだから、エロ漫画については

「語らない」「読まない」という態度になる。結果、黙らざるをえなくなってしまうんです。すると〝普通の人〟はエロ漫画論から外れて、関係者や評論家だけがまた同じような議論を繰り返すわけです。

しかし、この〝普通の人〟の意見こそ、「美徳の追求」に大きく関わってきます。「人間はこうあるべきだ。本来の人間ってこうじゃないの？」という「美徳の追求」は、言語化が難しいのです。

「人間がちゃんとしてたら、そんな漫画を描きたいとも思わないし、読みたいとも思わないんじゃないの？」

頑迷に聞こえますよね？　でも、やっぱり〝普通の人〟はそう考えるんですよ。

「最大多数の最大幸福」と「自由と権利」。

この二つはさんざん論理化されています。議論が白熱すればするほどこの二つばかりが主張されます。

「最大多数の最大幸福」は功利主義です。論理的に考える専門家たちが論陣を張ります。

「個人の自由と権利」は弱者を守る側です。論陣を張る側には「正義」という後押しと動機付けがあります。

だから、この両者はいくらでも強気で議論をしかけていけます。互いに「でも、こうだ、ああだ、こうだ」と、あらゆる事例を引っぱって反論し合います。

ところが、「美徳の追求」は、議論の初期段階で「愚かな意見」とか、「取るに足らない」として真っ先にリジェクトされてしまいます。

人間の感性に根差すものですから、言語化しにくい。論理的な説明が難しい。緻密さが足りない。

だから議論の場ではリジェクトされてしまう。

サンデル教授の『これからの「正義」の話をしよう』という提言は、このリジェクトされがちな部分を徹底的に論理的に緻密にした試みです。

そうすれば、「美徳の追求」が三つ目の軸になる。

これまで「最大多数の最大幸福」と「個人の自由と権利」という二つの価値観が綱引きする「綱の上」でしか話し合われてなかった事柄が、三つのベクトルとの引っぱり合いになっていきなり幅が広がります。

「綱の上」という一次元でしか動かなかった論点がいきなり、三つ目の方向が加わって面の動き、二次元になる。平面上の議論になって議論に多様性が生まれる。

こういう議論の多様性を保ったまま、ずっと話し合うことというのが正義を考えることである。これがサンデル教授の立ち位置です。

この三極の対立は、実は思想界の基本ツールです。

二極対立は単純でわかりやすいけど、現実的じゃない。現実の問題はそんな単純にA、Bどっちかで割り切れるものじゃないから。

しかし、三極対立は現実への応用範囲が広い。ジャンケンや三つどもえなど、アナロジーとして発想するのも簡単で、なおかつ二極ほど単純ではないから。

僕たちの価値観は、たぶんこの三極対立でできている。だから悩むんです。3方向から引っぱられるから、結論は常にブレる。

三価値で考えると、いつも同じ結論にたどり着くとは限りません。毎回、自分でも違う道筋で考え、微妙に違う結論になる。

これまでの思考ツールは問題を「考える」のには役立つけど、解決するのには役立たない。しかし三価値は決断のツールです。

でも、その決断はいつも「微妙に違う」思考過程と結論を生みます。

実例で説明しましょう。

たとえば夫婦がいて、浮気するのはアリかナシか、不倫はどうかという話になったとします。

「婚姻という契約をしたら、浮気はしないほうがいい」

「恋愛は7年で終わる、あるいは4年で終わる。だから、不倫はしかたがない」

「それよりは、結婚とか、離婚がもっと簡単にできるシステムを考えよう」

このように現実を見て、仕組みで考えようとするのが「最大多数の最大幸福」という価値観です。

法律の枠の問題として、日本という社会をどういうふうにデザインしていくのかという方向で考える。

不倫が悪いか、悪くないかは考えない。現実として認めるだけ。

対して、「誰かを好きになるのを止める権利なんか誰もない。愛というものは自由じゃないか」という考え方もアリ。「個人の自由と権利」をとことん尊重する、という価値観です。

不倫をしてもかまわない、不倫するのは自由。

恋愛は個人の自由だから。

「最大多数の最大幸福」と「個人の自由と権利」。

その二つに対し、「自分を含めた日本人全員はどっちの方向に行くのが美しいのだろうか」という考え方。これが「美徳の追求」です。

恋愛が自由化された社会のほうが、僕たちが目指すべき社会としては正しいのか。気持ちいいのか。住みよいのか。

自分がそんな社会を作っていきたいか。

元を辿れば、ギリシャ的な考え方といえます。

紀元前のギリシャでは、市民は生涯の目的を「人間性の完成」と定義していました。ギリシャ市民に限らず、古代中国にもあった発想法や人間観ですが、なぜか僕たち現代日本人の発想にまったくない視点です。

人生の目的とは何か。自由や成功よりも、節制や人格を重んじる。人間として完成する。

20世紀後半から21世紀の日本に生きてる僕たちには、あまりに馴染まない考え方です。

昔の日本人、サムライたちならひょっとして持っていたかもしれない。でも明治〜大正〜昭和〜平成という時代の変化で失ってしまった。

「人間性の完成」は、自分らしい生き方でもなければ、得する生き方でもありません。自由ですら否定します。

「みんなが目指すべき方向はこっちだよ」と話し合って決めようという発想なんです、お節介なことに。

これを年がら年中話し合おう、という考え方がサンデル教授の思想的位置〝共同体主義〟です。

「最大多数の最大幸福」と「個人の自由と権利」、この間で論争があるのはわかるけど、「共同体（コミュニティ）としての美徳」という要素を入れて年がら年中議論してお互いに考えよう。よりよい共同体を目指していこう、という21世紀の今となっては逆に斬新な考え方です。

共同体としての美徳とは？

たとえば小は、家族です。

うちの家族はどういうふうに生きるべきか、僕たちカップルはどんな恋愛をすべきかというところから考えます。

大は国家や地球をどういうふうに運営していくのが正しいか、美しいか、子供に誇れるか。

それを個人の自由や権利ではなく、また経済的・組織的な功利主義でもなく、それらと対立するものとして考える。

ついつい僕たちは「どこかに、納得できる妥協点があるはずだ」とか、手を打ちたくなるのですが、そうじゃない。三つの極の間で、年がら年中大喧嘩しながら、個人が七転八倒するしかないのです。

簡単に結論を出せず苦しむ存在こそが人間である。苦しみながら考えて、自分なりの回答を出し続けるしかない。

今月の回答、来月の回答、来年の回答という具合に。

年がら年中変わり続ける疑問を出し続けるのが共同体の役割である。だって三つの極があるんだから、決まるはずがない。

なので構成員（市民）が話し合って、自分たちの正しいと思う回答を見せ合って、お互いに認め合える「美徳」を作るしかない。

「美徳」は合理的な回答ではない。

自分の意見とは違うかもしれないけど、「みんながこれを支持すべきだ」と掲げる目標です。

たとえば日本人は街でゴミのポイ捨てをしません。それは日本人の「美徳」です。

経済的な功利主義で考えると違うかもしれない。ゴミをポイ捨てすると、それを拾う人を税金で雇うこともできる。雇用の創出になる。つまり「悪いこと」とは限らない。

個人の自由で考えると、ゴミをどこに捨てるかはその人の自由だ。文句のある人は自分の家の前だけでも見張ったり掃除すればいい。ポイ捨ては悪、と決めつけるほうが「悪いこと」かもしれない。

でも「美徳」で考えると、雇用の創出や個人の自由は考えない。それよりも「ゴミをポイ捨てするような自分たちってイヤじゃない？」と考える。

それが「共同体主義」です。

だから、彼らは対話を求め続ける。議論を求め続ける。

常に、自分たちの考えに更新を求め続ける。

戦争は正しいのか、戦争は間違っているのか。

時代によって違うのは当たり前です。

時代ごとに使われる技術も新しくなり、幸福感も変化する。

だから絶対に揺れ動く。最終的な「正義」や答えは出ない。

なるほど。**四分類**という思考ツールでは解決できないのは当然だったのです。

物を考えるのに、２×２で分類するのは大変わかりやすい。

わかりやすいんだけど、その選択肢の中で、「じゃあ自分はどういうふうにしたいのか」という結論は出ない。

結論は、この三つの価値、三価値の間で決まるからです。

だから、今日の答えと昨日の答えと明日の答えが矛盾して当たり前なんです。

で、その矛盾を引き受けて、考えるしかない。

だから、「悩みのるつぼ」なんです。


「私はこう悩んでます」

「あなたの悩みはわかります」

という話をしながら、悩んでいることで発生する〝苦しみ〟自体を減らすことはできます。

でも、〝苦しむ本質〟はなくせない。

人間は、この三つの価値の間で引き裂かれる。

三つを統一する答えなんてない。

答えがないというのは、２０００年以上前から、お釈迦様もキリストも老子も異口同音に言っています。

そんなの解決できるはずねえよ、と。

そんなのが解決できたら楽で楽でしょうがないんですけどね。でも「解決できる！」と言い出す人が出てきて、その考え方にすがりたくなったら危険信号です。

「悩みのるつぼ」に答えはありません。2000年前も、2000年後も。


結論は、いつも技術や社会の趨勢《すうせい》によって変わります。

氷河期が来たとか、地球が暖かくなってきたとか、資源がなくなってきたとか、新しい大陸が見つかったとか。

いろんな社会のパラメーター変化によって、それぞれが強い影響力を受けます。

時代ごとに、また、その個人がどういうふうに生きてきたかによって、やっぱり強い影響を受けます。


古代ギリシャでは、**三価値**のうち、「共同体の美徳」がメッチャ強かったんですね。「最大多数の最大幸福」に関しては割と弱くて、「個人の自由と権利」はかなり強かった。

そして、みんなが美徳とは何かを追究した。

古代ギリシャも、その後継者ローマ帝国も奴隷を使い、それによって市民の自由とか権利を最大限保障しました。奴隷制を前提にしたそれら古代社会は、けっして現代の僕たちから見てユートピアではあり得ません。

奴隷労働は市民の自由時間を増やし、その結果、議論には無限の時間を使った。だから、年がら年中、議論ばっかりの無駄が多い社会とも言えるし、そのせいで軍事国家に結果的に負けたり滅ぼされたりしました。

この**三価値**を大事にする社会というのは、常に三つの間で揺れ動く社会であり、年がら年中対話するしかない社会だからです。

新聞連載「悩みのるつぼ」でも同じように、僕には最終的な回答は出せません。

物を考える時には要素を分類して「こうですね」というふうに発想や提案はできます。

でも、最終的に決める段になると、三つの極、三つの価値が引っぱり合う。

その結果、昨日考えたことと今日考えたことと、明日考えることとは違ってしまう。

なぜ人は、答えを一つに決められないのか。

人間は三つの極の間で動くからです。

だから、暫定的に今日の回答で我慢するしかない。今日考えた「今日の最善の回答」しか人間は出せません。

「これから一生使える考え方」などというのは存在しえない。

パラメーターが変われぱいくらでも変わってしまうからです。

「人生というのはこうだ」とか、「恋愛とは」と今あなたが思ったとしても、いきなり数億の遺産が転がりこんで自由度が上がっただけで、その判断は絶対に狂います。

「個人の自由と権利」の部分がギュン！　と伸びるからですね。

逆に、生きるか死ぬか、たとえば「津波にあって死にかける」とか、「大震災で家をなくす」とかがあると、やっぱり人生観が変わります。

今度は「共同体としての美徳」を強く意識するからです。

お店を任されたり、学校の先生になったり、会社で役職が上がって出世すると、視野が広がります。自分の幸福ではなく、「どうすればみんなの都合が良いのか？」に発想がいくようになります。

「最大多数の最大幸福」に目が届くようになります。

人間というのは、どんな人と付き合ってるのか、どんな立場かによって、この三つの極の引っぱる力が常に変わり続けます。

だから、「昨日の結論」と「今日の結論」と、そして「明日の結論」は、いつもきっと違います。

とりあえず「今日の結論」を出すところまでで我慢するしかない。

今日しか使えないかもしれない。絶対の真実ではなく、結果的に正しくないかもしれない「今日の結論」を出す。

これが思考ツール、**三価値**です。

ステージ10　思考ツールを使ってみよう（3）

思考ツール9　思考フレームの拡大

思考フレームの拡大について説明します。

まず実例を見てみましょう。

部下のツイッター注意すべき？……◆相談者―管理職男性／39歳

2011年9月3日／朝日新聞／朝刊

39歳の管理職男性で、ツイッターについての相談です。

私の職場は40人で、10ずつの小さなグループに分かれています。

先日、偶然、職場の若手男性（私とは違うグループ）のツイッターを発見しました。

読んでみると、職場の話題が満載されており、その中には、Aとわかる上司への悪口めいたコメントもありました。

さらに、その若手男性は、同じ職場の若手女性ともツイッター上でやり取りをしており、その女性もこれまた、違う上司Bのことをあからさまに書き連ねています。

同じ職場とはいえ、2人とも違うグループなので、私は特に何も言うことはないと思い、その上司A、Bも含め、職場の誰にも伝えることはありませんでした。

ところが、今回、その若手男性が異動で私の部下になることになりました。さっそく、「異動になった。予想外だ」みたいなことがツイッターで書かれています。

自分で言うのもなんですが、私は気は長いほうです。

しかし、仮に頻繁に自分に対するネガティブなことを書かれたりすれば、職場で平常心で接することができるかどうか、若干不安です。

その若手に、私がツイッターでのつぶやきを知っていることを言うべきでしょうか。

◆回答者―岡田斗司夫

もちろん、言うべき①。

でも言えないし、言いたくない。言えば損だし②。

言うのは野暮《やぼ》な気がする③。

この矛盾を展開します。

①言うべき理由……いずれバレるから。ツイッターやってる人は日本で1000万人いる。部下は「ネットは広大だから見つかるはずはない」と思っているけど、検索や関連づけは強力。今日バレなかったとしても、来週にはバレるかもしれない。

②言えば損な理由……部下は「ネットは広大だから悪口書いてもバレない」と思っている。こういうバカは泳がせるに限る。多少、自分の悪口を言われようとも、放置&監視できるメリットの方が管理者として大きい。わざわざ言うのは損だし、それで反感を持たれたら余計に損。

③言うのは野暮な理由……自分だって社長への愚痴は言うし、若手の頃は上司の悪口ばっかり言ってた。それを止めるのはなんかカッコ悪い。もっと「若い奴の味方・理解者」でありたい。わざわざ言わなくても、実害がないんだから放置してもいいはず。自分の悪口を言われたらヘコみそうだけどヘコむ自分もカッコ悪いので言いだしにくい。

以上、①~③の矛盾した気持ちや計算で、いま「悩みのるつぼ」真っ最中ですよね。

でもあなたは言うべきです。

理由は「上司だから」ではありません。「同じネットユーザーだから」です。

②と③は会社員・管理職としての悩みです。これは「給湯室の会話を盗み聞きしてしまった」と同じレベル。これだけなら、言わないでも大丈夫でしょう。

でも①は違います。

若手男性は生まれた時からネットがあり、子供の頃から携帯電話やメールを使いこなしていた、いわゆるデジタルネーティブ世代です。だから現実社会とネットの関係が変化してるのにかえって気づかない。

ネットはいまや表社会。場末の居酒屋のように、公言できない本音をいう場所ではありません。たとえるなら「視聴率は不明だけど全国放送されている居酒屋」なのです。

同じネット市民として、「バレちゃうよ。危ないよ」と注意してあげましょう。その上で「いままでは直接の上司じゃなかったから言いにくかった。でも君も俺の部下になったんだから、危なっかしくて見ていられなくなったんだ。いままで言わなくてゴメンな」とフォローする。

言う覚悟はできましたか？　じゃあ彼に思い切ってメールしましょう。

頑張れ！

相談者の上司と部下が、それぞれの所属してる世界は、三つのゾーンで捉えることができます。

一つ目のゾーンは、「会社員」。同じ会社の仲間ですね。

相談者を仮に「課長さん」と呼びます。

課長さんは「会社員」というゾーンに所属しています。そして、「会社員」ゾーン内のさらに小さい「管理者」というゾーンにも所属しています。

問題がある部下を平社員の「ヒラ君」と呼びましょう。

ヒラ君もまた「会社員」というゾーンに所属しています。そして、「会社員」ゾーンの外側にも広がる「平社員・弱者」というゾーンにも所属しています。

ヒラ君は「ツイッターみたいな最近のデジタルツールには、俺みたいに若い奴しかいないだろう」「どうせ会社の管理職なんかはあまりいないだろう」と考えています。

だから「俺の会社の上司がさ」とつぶやけば、みんなも共感してくれるはずだと思っているわけです。

「使えねえよ、あんな上司」とか。

「みんなもわかるだろ？　同じ平社員同士として」

自分の所属している「平社員・弱者」での話は、その外の人間には見えないと思い込んでいる。

課長さんも、かつてはこの「平社員・弱者」のゾーンにいたんですけど、出世しちゃいました。今は中間管理職だから、微妙に「管理者」ゾーン寄りへ移動してしまったんです。

でも、「平社員・弱者」の心を忘れたわけではない。だから、なかなか正面切って「そんなのダメだよ」とは言えない。

さて、僕が回答で使ったのは思考ツール、**思考フレームの拡大**です。

自分の所属しているゾーンだけではなく、その隣のゾーンや周囲にあるゾーンを意識する。各ゾーンの位置関係や構造などを考えてみる。

たとえば、「平社員・弱者」ゾーンのメンバーの一部は「管理者」ゾーンに移動します。
また「ニート・弱者」ゾーンのメンバーから見れば、「平社員・弱者」ですら充分に強者です。
部下のヒラ君は「平社員・弱者」を自分たちだけの世界だと思っています。
「俺は若手の平社員。ネットをやっているみんなも若手だから共感してくれるよね？　もう本当に上司って使えねえよな」と呼びかける。

ヒラ君は「ツイッターとかネットやってるなんて若手だけでしょ」と思っている。そんなネット社会と「平社員・弱者」の社会は彼の中ではイコールなんです。

相談者の課長さんは、「俺もかつてそこにいたから気持ちわかるよ。でも、会社員としてそんなことやっちゃダメじゃない?」と考えている。

課長さんは「オレもヒラ君も同じ『会社員』というゾーンに住んでいる。だから『会社員』という共有できる立場で話しかけよう」と思っている。

「やっぱり会社員としてダメと言うべきかな。でも、俺も昔、平社員だったから気持ちわかるよな。そんなカッコ悪いこと言えないよな。でも、やっぱり上司だしな、言うべきかどうか」。

ここで、るつぼ化しちゃってるわけですね。課長さんの視点では解決ができない。

お互いが自分のゾーンしか視界に入らないのでは、別のゾーンの人に説得も納得もさせられるはずがない。

どっちのゾーンが正しい、ということはないのです。こういう場合、必要なのは視野の拡大、つまり**思考フレームの拡大**です。自分と相手のゾーン両方が入っている共通のゾーンを無理やりに見つけてしまいます。

視野を広げると、どう見えるか?

実は課長さんもヒラ君も同じゾーン「ネット市民」に所属している、と考えてみました。

当然、ツイッターも「ネット市民」の一部です。

いまツイッターは日本中で1000万人以上の人がやっています。

つまりすでに表社会。ツイッターは「若い人のもの」「一部の人のもの」「平社員・弱者の世界」というのはヒラ君の誤解です。

なのでヒラ君に「ちょっと思考フレームを広げてごらん。ネット社会というのは実は、既に俺たち全員が所属してるよね」と、問いかけてみる。

こうすれば、課長さんは上司として「ダメじゃないか」でもなく、同じ平社員として「俺もわかるけどさ」でもなく、まったく別のフレーム、「ネット市民」として忠告ができるわけです。

同じ会社とか上司とか部下とか関係なく、こう忠告できます。

「おまえがやってることって危険だよ。俺はたまたま上司だから、おまえにそれ注意できるけども、おまえはそれを、上司のAさんが見てる可能性とか考えてないだろ？

うちの会社の社長や役員や、全員がやっててもおかしくない巨大なものなんだよ。

その中でおまえのその振る舞いって、あまりにも危なすぎなくない？」

この「危なすぎなくない？」という忠告は、実はもう会社員ですらないんです。同じ平社員でもなくて、ネット社会の常識として「それまずくない？」ということですね。

こういうふうに無理やり思考フレームを広げる。所属しているゾーンや、時間軸などをガッと広げることによって、いきなり見え方や価値観すら変化します。

この技は、かなり難しいんですね。

クラウドシティという僕の主催するSNSの中で、20人ぐらいがこれの回答づくりに参加しました。でも、この、**思考フレームを広げる**、ことがなかなかできない。

各自、回答しようと工夫してるんだけど、「会社の人間として」か「社員という弱者として」という二つの視点以外はなかなか出てこないんです。

同じ会社の人間として間違っているとか、

上司の戦略として黙って情報源にするとか、

弱者として何をつぶやくのも自由だとか……。

どれを選んでも納得できない場合は、考える範囲を強制的に広げてみることです。

今回の相談で言うと、上司・部下だとか、会社員という立場より前に、まず何よりも俺たちはネット市民である、と思考フレームを広げました。

思考フレームを広げる方法は、所属ゾーン以外にもあります。

たとえば、あることで回答が見つからない場合、もしくは解決が不可能に見えた場合は、極端な数値を代入してみましょう。

さっきの、「おまえを含めて全員が実はツイッターしてるかもしれないんだ。どうすんの？」とか、「来月になったら上司もツイッターやってるかもしれない。どうすんの？」。

極端な数値を代入してネット社会の広大さと可能性を指摘して、いきなり見えてくる「自分の行為の危なさ」に気付かせる。

これが九つ目のツール、無理やり**思考フレームを広げる**です。

思考ツール10　共感と立場

次の思考ツールについて説明します。

共感と立場。これはステージ２でも説明したので、簡単にまとめます。

誰のために考えるのか？

誰に向かって伝えるのか？

悩みを相談されると人間、とくに男は悩み全部を聞く前に、

「♪それは俺に言わせ〜れ〜ば〜」とか、

「♪俺の話を聞いてくれ〜」とか、

「♪大体〜おまえは昔から〜」

というふうに、オレ様節を唸り出します。カラオケを始めてしまうんです。

悩みの相談をされてる時に、みんな私語《わたし》りを始めてしまう。

もちろんこれ、「役に立とうとしちゃう」あまりの行動なんですけど、だいたい女性からは評判が悪い。

男としては、相談されたからには役に立とうとして、解決法を一生懸命探しているだけなんです。でも、

「これだったらできる？　なんでこれができないの？　こういうふうにしなよ。なんで私の言ってることがわかんないの？」

という論法になってしまう。

ついつい「俺が、俺が」「私が、私が」と解決法を無理やり提案しちゃうんです。

「聞かれた私がそれでは納得しないから」「ちゃんと解決したい」という自分勝手な欲求を我慢できない。

でもね、私のためとか、私が気持ちよくなるために、その悩みを利用しちゃダメなんです。

悩みの聞き方のレベル1は、「早く役に立ちたくて、とりあえずできそうなことを片端から言う」。

このレベル1から抜け出せると、悩みの解決術はレベルが上がります。

ちなみに、レベル0は「悩みを聞いてあげない」です（笑）。

レベルが2に上がると、「質問者のために答える」ことができるようになります。前に書いた「同じ温度の風呂に入る」というアプローチを思い出してみましょう。

悩みを聞く時のポイントは、その悩んでいる人が〝どんな温度の風呂〟に入ってるのか考えてみる。

熱すぎてつらいのか、ぬるすぎて寒いのか、ピリピリ刺激を受けて傷が痛いのか。

悩んでる人というのは、温度はわからないけど、とにかく嫌な風呂に入ってる。

ということは、自分もそこに入って、一回同じ温度につかってみる。そのピリピリなり熱いなり寒いなりを味わってみる。

これを**共感**と言います。

共感がない限り、あなたから出てきた言葉は、安全圏からの助言にすぎません。冷房の効いた部屋、暖房の効いた部屋から、上から目線で言ってるだけになってしまいます。

そんな言葉は、絶対に相手には届かない。

少なくとも同じ環境に身を置いて、「確かに寒いよね」とか、「確かに痛いよね」から始まる言葉で語らないと、相手のための回答にはならないのです。

誰のために答えるのか。質問者に対して答えるためには、一度、同じ温度の風呂に入るしかない。

同じ温度の風呂に入る、これは思考ツール、**アナロジー**です。これやらないと追い詰められた人に言葉なんか伝わりません。

失恋してつらい人に、「だから、女なんかやめとけって言ったんだよ」とか「あんな女やめろって言っただろ」と言ってもしょうがないんです。

それは、オレ様節をちょっとアレンジしただけ。

「気持ちすごくよくわかる」っていうところから始めないと、何一つ質問者に対して答えていることにならないんですね。

質問者と、少なくとも同じ痛み、同じ苦しみ、同じ喜びを共有すること、これが思考ツール10の**共感と立場**の**共感**です。

では**立場**とは何か？

「誰のために答えるのか」という視点です。

まずは相談者のためです。

同じ温度の風呂に入る。まだ足りません。新聞に掲載されてお金が取れる原稿は、もう少し先まで必要です。

「この質問者の問題は誰にでもある問題だ、誰にでも身に覚えがある問題だ。だから、みんなの問題として解決しよう」

という形になって、ようやく表現が膨らみ出します。

最初は誰でも「そんなの私に言わせれば」とか、「どうしてこういうふうにしないのよ」というオレ様節です。

次に「それはつらいよね」とか、「俺も似たような経験があるよ」という同じ温度の風呂に入ることができるようになる。

でもそれではまだ、質問者の〝パーソナルな悩み〟に答えてるだけなんです。

ある人の悩みに対していくら共感して答えても、そういう回答をほかの読者が読んで「そんなのわかんねえよ」「関係ないよ」と言われたらおしまいです。

「息子が漫画家になりたいと言って困っている」というおばあちゃんの悩みがあります。

「漫画家なんてそんな甘いもんじゃねえよ」と普通の人だったら答えちゃいます。

それは「自分と関係ないことだ」と思っているから、ですね。

あるいは、「私は二人の息子をまともに育てたはずなのに、どうも息子は30歳にもなって仕事がありません。家柄もちゃんとしてるし、私は学歴もちゃんとつけてあげたのに。どういうふうにすればいいんでしょう」という悩みがあります。

「そんなの、おまえが、ざーますマダムみたいなこと言ってるからだよ」

ってみんな反感持っちゃうんですね。

でも、自分が同じ温度の風呂に入れば、「私は今までうまくやってきたつもりなのに、なんで自分の子供が思い通りにならないんだろう」という悩みは多分誰にでも説明できるんです。

「その気持ち、わかるよ」って言ってあげられる。

立場とは、徹底的に相談者の味方になってあげること。

世界中が敵に回ろうとも、自分一人だけでも相談者の立場に立って、彼や彼女の気持ち・つらさ・やるせなさを「その他大勢」の人たちに説明してあげる。

すると、びっくりするぐらい「優しい言葉」が自分の中から出てきます。

人は自己弁護する時よりも、誰かを守ってあげるために言葉を尽くす時、本当に「言いたいこと」が言えるんです。

その言葉は本人以外の読者にも伝わります。

フォーカスについては、ステージ1で説明したのでそちらで確認してください。

次のステージでは、これらすべてを応用したまとめとして、具体例をベースに使用法を解説します。

上から目線だけだと、相手に言葉が届かない

最後にひとつだけ追加です。

これは思考ツールと言えるか悩んだのですが、やっぱり書かなくちゃいけない。

恥ずかしい言葉ですが「愛」って必要なんです。

相談を受けた時、誰かの悩みに役立とうとする時に「愛」がないと、やっぱりその回答は役に立たない。

具体的に説明&メソッド化してみます。


僕は有料SNS（ソーシャル・ネットワーク・サービス）を運営しています。mixiみたいなものだと考えてください。名前は「クラウドシティ」。僕の本を読んでもっと勉強したくなった人や、理屈っぽい話がちゃんとしたい人、それにもちろん僕のファンだ、という人も大勢います。

このクラウドシティ内で「悩みのるつぼゼミ」というのを開講しています。朝日新聞社から相談文が送信されたら、僕はこのゼミにUPします。すると参加者たちは自由に発言したり討議したりします。中には僕の回答と同じく、14文字×66行で回答文を書いてしまう人もいます。

彼らの意見や発言はとても役に立ちます。僕の思いつかない視点や、あり得ないほど面白い言い回しもしょっちゅう出てきます。

でも、その発言や回答例をそのままのカタチで「使える！」と思うことはほとんどありません。

理由は「文面に愛が感じられない」からです。

もちろん、僕の実際に書いている回答に「愛」が感じられるかどうか、それは読み手次第かもしれません。でも僕は意図的に「愛」を入れようと書いています。特に2011年に入ってからの回答には、原稿が完成してからもう一度「愛」が入っているかチェックしてるんですよ。

さっきのクラウドシティのゼミ生たちの回答を例に説明しますね。

ゼミ生たちの回答は、僕に思いつかない多様な視点や面白い表現にあふれています。完成した感想文もすごく具体的で役に立ちそうです。でも、なにか足りない。

論理的な思考や具体例による説明は充分です。でも頭のいい人特有の「あなたはわかってないでしょうから、教えてあげる」という〝上から目線〟がどうしても拭えない。

これ、仕方ないことなんです。現に朝日新聞で連載している「悩みのるつぼ」では、上野千鶴子先生の回答なんかそれはもうウルトラ上から目線です。頭のいい人の回答は絶対にこうなっちゃう。

上野先生の芸風ならかまいません。ハナから役立つことを考えずに痛快さや過激な切り口をウリにするなら、それで大丈夫です。

でも、それって役には立たないんです。

上から目線だけだと、相手に言葉が届かない。

繰り返しますが、〝上から目線〟は避けられません。それは論理的に考え、相談への回答文をひねり出す限りは絶対に抜け出せない宿命なんです。

必要なのは〝緩和剤〟です。それが「愛」なんですね。

愛という名の緩和剤

僕のやり方を具体的に説明します。

まず、これまでに説明した11個の思考ツールを使って回答を書きます。

理屈で考えて分解して、共感して、で、こんなふうにやったら伝わるかな、この問題だけじゃなくて、そういう問題をかかえてるいろんな人全体に対して何かできることないかな、と考えます。

そして答えを作る。

さぁ、これで原稿ができた。文章書けた。

自分としては精一杯やった、と思えたら、そのままひと晩放置します。自分の書いた文章は忘れる。でも相談者のことは忘れない。

回答を書いたことで、自分を義務感から解放する。その代わり、次は相談者のことを「心配」するんです。

もし質問してきたのが見も知らない相談者ではなくて、あなたのかわいいかわいい妹だったらどうするだろう？

妹じゃなくて、弟でもいいですし、息子とか娘でもかまいません。

自分の肉親だったら？　子供の頃からこの子は大好きで大事だ、と思ってる人からの相談だったら？

家族の中で一番好きな、大事にしたいと思ってる人が、相談してきた。

「こいつ、こんな悩み持ってたのか。今まで気づかなくてゴメン」と自分が思えた時に、果たして昨日書いたような答えをしますか？

自分の肉親だったら、ちょっとだけ違うんじゃないですか？　ちょっとだけ表現が丸くなりませんか？　ちょっとだけ「つらいのわかるよ」と言いたくなりませんか？　ちょっとだけ「いい加減にしろよ。それだからダメなんだよ」と怒りたくなりませんか？

そのほんの少しのさじ加減が「頭の良いだけの回答」と違うスパイスになります。

もう一歩、もう半歩だけ、相手の事情に踏み込む勇気。

もう少しだけ、傷つかない言葉を選ぶ配慮。

「こいつが楽になってくれたら、俺の言うことなんかわからなくてもいいや」という相手主体の考え方。

微妙な差、ほんのちっちゃいズレが生まれる。

焼き鳥のレモンと言いましょうか、カレーに最後にちょっと入れるチョコレートと言いましょうか。微妙な隠し味になるポイント、それが「愛」です。

がっかりしましたか？

「愛」って言ってもそんなに大層なことを言うわけじゃありません。11個の思考ツールに入らないような、ほんのちょっとした隠し味程度の話です。

大事なのは実際に「文章を本当に書くこと」です。

頭の中で考えるだけじゃダメ。まず論理的な回答を頭の中で考えて、次にそれを「妹に話すとしたら」っていうふうに変換したらダメです。

まず一回、完成原稿に近いところまで書くんですよ。本当に。

拙著『スマートノート』で僕は「スマートノートは手で書かなきゃいけない」と書きました。思考を手書きするのは「思考を肉体化」するのに有効だからです。

同様に、悩みに対する回答は頭の中だけで考えちゃダメです。思考過程ならともかく、最後はちゃんと手書きでもパソコンでもスマホでもいいから、きちんとテキストにしなきゃダメ。

これを書いてから、その後にもう一度考える。

じゃあ、これを自分が一番好きな人に聞かれたらどう答えるか？　これをもう一回練り直す。

すると、さっき書いたものと全然違う内容があふれてきたりします。

なんかこれ、たぶん極意に近いものだと思います。

ステージ11　思考ツール応用編

前章までに紹介した、11個の思考ツールの応用編です。

1　分析
2　仕分け
3　潜行
4　アナロジー
5　メーター
6　ピラミッド
7　四分類
8　三価値

9　思考フレームの拡大
10　共感と立場
11　フォーカス

これらを使いこなし、二つの「るつぼ」回答を作るプロセスを分解・再体験してみましょう。

「スキ」ある女しかモテない？……◆相談者―会社員／33歳　2010年1月23日／朝日新聞／朝刊

モテない33歳の会社員女性です。岡田さんにうかがいたいのですが、「スキ」って何ですか。女として「スキがない」ってどういうことですか。面白みがないこと、色気がないこと、性的魅力がないこと、でしょうか。モテるために大事ですか。

客観的に見て、わたしは容姿もかなりのレベルだと思うのですが、全然モテません。仕事もきちんとして周囲から評価され、他人のミスもカバーするなど、思いやりや、やさしさもあるほうだと思います。

ただ、恋愛に関しては、恋人候補になる男性が現れても、関係を深めることができず、うまくいきません。そんなことがずっと続いてきました。

20代で別れた男性に昔、「君はスキがない、なんとなくかわいくない」と言われました。

そのことがずっと気になり、考えてきましたが、「スキがある」とは結局、「すぐセックスできそうな雰囲気がある」ということではないかと思えてなりません。そういう人なら、男性も、恋人にするには心配で、遊び相手として軽くみるのではと思うのですが、周囲を見渡すと、そういう女性が現実にはモテて、結婚して幸せそうだし、しかも、既婚なのにまだモテていて、正直、悔しいです。

「スキがある」とは、フェロモンですか？　天性のものですか？　スキがない女に恋愛はできませんか？

◆回答者―岡田斗司夫

「スキってなに？」

そんなノンキな話をしている場合ではありません。たとえ美人でも30過ぎてからモテるのは戦略次第。

モテるとはなにか？　「素敵な男性が次々と言い寄ってくる状態」というのは大間違い。「男に自分を口説かせるようにしむける行動の成果」がモテです。

「待ち」ではなく「攻め」。自分から積極的に話しかけましょう。相手は「見た目が標準以下」の男です。中身も外身もいい男はモテるので女性を選び放題。選べる立場の男は、高確率で若い女性をチョイスします。

見かけのせいでモテないけど、中身の良い男はいくらでもいます。どんどん話しかけ、食事やお酒、映画にも誘いましょう。

そうすれば、絶対に相手からアプローチがあります。ただし、ここで恋人にならず踏みとどまること。友達以上、恋人未満をキープしてください。そういう男性を3人以上作りましょう。おぼえておいてください。この状態が「30独身女にとってのモテ」です。

この彼氏未満の「3人枠」、常に新規開拓を続け、より良い人があらわれたらチェンジします。この作業を1年続ければ、あなたの恋愛スキルは劇的に上昇します。スタート時点から数回チェンジすれば男性のレベルもそれなりの水準に落ち着くはず。これまで「対象外」と思っていた男性と会話や食事することは、あなたの男性観や恋愛観を大きく育てます。「男の中身を見る目」もつくので、選択肢も増えているでしょう。

周囲に素敵な男性が複数いて、あなたと付き合いたいと願っている。これを他人が見れば「モテモテだ」と言うわけです。

ただし、きれいに付き合い、きれいに別れるよう気をつけて。

注意点は三つ。

「肉体関係をもたない」

「デート費用は割り勘」

「不倫しない」

周囲に「これが恋だ！という決め手がまだ見つからなくて」とボヤくのも忘れずに。

相手の男性に悪い、と思う必要はありません。現在、男性は深刻なモテ格差に悩んでいます。モテない男にとって「恋愛できた」というのは得難い経験です。つらい時、自信を失くした時に思い出し、何度も元気を取り戻せる「思い出」が彼を「いい男」に磨くのです。

モテるようになった1年後、この記事を読み直してみましょう。もう「スキってなに？」とか、どうでもよくなってますよ（笑）。


最初読んだ時は、僕も素直に「スキがあるとは何か」を考えなくちゃと、いくつかの分類法を考えてみたんです。

でも、ちょっと待てよ。俺はこの姉ちゃんに騙されかけてるぞ、と気付きました。

相談者の33歳のお姉さんは、「スキがあるとは何か」とか、「そういう女でないとモテないんですか」と聞いてるんですけども、そんなことが悩みのはずがないんです。

それは悩みではなく「疑問」です。

で、そんな疑問に回答があるはずもないんです。

この問題は「今すぐ考えるべき問題」「年内に考えるべき問題」「人類がいずれ考えるべき問題」でいえば、典型的な「人類がいずれ考えるべき問題」なんです。

でも、彼女はこの部分を質問してきてる。

そんなことを切迫して知りたいわけではないだろうに。なぜだろう？

もっと聞きたいことは別の部分にあるんじゃないか？


思考ツール1、**分析**です。

この相談者の特徴は何か。相談文を読み込んでみます。

分析しながら読み込むので、かなりキツい言い回しに読めるところもあります。

気の優しい読者は、読みながらイヤになってしまうかもしれません。

でも「悩みのるつぼ」に手を突っ込むからには、いちど自分自身も疑いや不安の中に身を置くしかないんですよ。僕には「絶対に相談者の味方になる」という強い覚悟があるので、キツいことも書きます。

読んでるあなたや、ひょっとしてこの相談を寄せてくれたあなたを傷つけたらごめんなさい。

では**分析**をはじめます。

「私には悪いところがないはずなのに」と言う癖があるんですよね、この人は。だから、《他人のミスもカバーしたり、思いやりややさしさもある》とか、《容姿もかなりのレベルだと思うのですが》と書いてます。

でも、この部分に引っかかってはいけない。この部分に引っかかって、「そんなこと言ってるからダメなんです」「そんなふうに自分を高く見積もってるから、ダメなんですよ」

と単純に答えてはいけない。

相談者の思考パターンは、まず「自分には欠点がないはずですが」というふうに前振りしないと本音が言えないタイプなんです。

なので、前半で書いてる自己防衛みたいな文章は、すべて前振りです。たとえて言うならパッケージ。自分の問題や聞きたいことをキレイな箱に入れた、その箱のイラストみたいなものです。

箱のイラストは一応見ます。でも「見るだけ」にしましょう。

箱を開けてみたら、ポイントを発見しました。

《20代で別れた男性に昔、「君にはスキがない、なんとなくかわいくない」と言われました。そのことがずっと気になり、考えてきました》

いま33歳の女性が、「20代で別れた男性に言われたこと」をいまだに気にしてるんです。

ということは、そこから先、ちゃんとした恋愛に発展したことがないってことです。

ここがポイントなんです。この人の悩みは、多分ここにある。

でも、そういうふうには言えない。

《「君にはスキがない、なんとなくかわいくない」》

彼女が33歳で、もしこの言葉を言われたのが28歳とか29歳だったら、「数年前に別れた男性に」って書くはずです。

自分には悪いところがないというふうに具体的に書く、彼女のこの癖から言うと、20代後半で別れたんだったら、はっきりと何年前って書く。

でも、そう書かないってことはおそらく20代後半じゃない。

20代前半の、「女がほっといてもモテて当たり前の時期」にモテたきりなんです。

そこから先、モテない。

つまり「最近、私はモテない」というのが切実な悩みで、スキがあるとかは実はどうでもいいんです。

大体、現状がわかってきました。

この人が書いてることはこうなっています。

「私にはスキがないらしい。だからモテないんだろう。スキって何？」

でも、彼女が考えるべきはこれじゃないんです。

「スキ」をはっきりさせたり、「モテない」ということにちゃんと理由づけしたり、「私にはスキがない」の理由を見つけたり、もしくはスキが作れたりするようになるのが、回答ではない。

ポイントは、「だからモテない」↓「モテないのは嫌だ」ということなんです。

軽い女は男に遊ばれるだけだと思うけども、そのほうが正直モテている。だから《悔しいです》って書いてある。

これこそが彼女の気持ちなのです。

だから、本来この人が書くべきなのは、「モテないのは嫌だ」なのです。

「彼氏が欲しい」ではありません。

「だから彼氏が欲しいです」とか、「どうやれば信頼できる、女を見る目がちゃんとある、そんな変なスキのある女に引っかかるような男ではない、本当に尊敬できる男性に出会えるでしょうか」ではない。

彼女の言いたいのは「私、モテてもいいはずなのにモテない。すっごい悔しい。どうもスキがないからららしい。スキがないからって言われたら、なんか完璧な女みたいだから、まあ、悪い気はしないんだけど、でも、モテないってことはどう考えても悔しい。これどうすりゃいいの。せめて、スキとは何か教えてよ」なんですよ。

「スキって何？」はどうでもいい。

相談文には、この最後の部分がまるで悩みのように書かれている。でも、心の叫びの中心は、「モテなくて悔しい！」なんです。

で、心の叫びが見えてきたら、あとはこれへの対処法です。

「モテないのは嫌だ」への対処法ですから、僕の回答では、どうやってモテるのかということをムチャクチャ具体的に書いています。

「スキとは何か」という質問からどんどん離れていってるんですけど、かまわないんですよ。

どうしたらモテるのか？

それを考えるために「モテとは何か」を考えてみましょう。

使用する思考ツールは5、**メーター**です。

ある状態を考える時とか、ある言葉を考える時に便利なツールで、モテの場合は、100からゼロまで考えます。

モテ度100%とはどんな状態か。

相手から寄ってくる、ですね。知らない異性がどんどん迫ってきて困る状態。これがモテ度100%です。

では、モテ度が0%というのは何か。

多分これ「誰からも嫌われる」なんですよ。

「誰からもモテないよ。好きになった女からは振られるしさ」と言ってる場合は、その人は、モテ度ゼロではない。好きになった女に振られてるだけ。

「好きになる女は、いつも分不相応にレベルが高い。だからいつも振られている」というだけ。

「俺、全然モテないよ。好きな女には振られるしさ、どうでもいい女は寄ってくるけど」

ほら、モテ度、結構ちゃんとありますね。こういう人は「モテ80%」ぐらいだと思いませんか?

モテ度100%は、ほっといても向こうから寄ってくる。

自分が山の中に隠れてても、女は自分を探して告白してくる。これがモテ度100%ですね。

笑っちゃうかもしれませんが、世の中そういう男性や女性もいるんです。

で、モテを考える時、ついつい人間はモテ度95%から100%をモテだと思っちゃうんですけども、そんなことはない。

オレンジ成分100%だけがオレンジジュースではない。オレンジ成分30%、40%、50%ごとに、それぞれオレンジジュースの味わいというのがあります。

0から100までの**メーター**を設定して考えてみると、モテ度50%というのは何か。

「好きな女には振られる」

これ、もともとムリ目な女の子ばっかりを好きになってるからですよね。

競争率の高い女の子を好きになっているとか、彼氏と別れたばっかりで、もう彼氏なんか作らないと決心している女の子に振られるとか、自分のようなタイプが趣味じゃない女の子を好きになってしまったとか。

どちらにしても、自分には手が出ないような女の子を好きになったから振られただけ、と整理することができます。

思考ツール4、**アナロジー**も使ってみましょう。

金持ちでも同じことが言えるんじゃないでしょうか?

「何でも買える」「何も買えない」「高いものは買えない」みたいに考えてみる。

そう考えると、金持ち度100%は、「何でも買える。思いついたものが買える。それどころか、向こうから『こんなもの買いませんか』って持ってくる」状態です。

金持ち度0%というのは、「借金こそないんだけど、何も買えません」という状態。

じゃ、金持ち度50%はなんでしょう？

「欲しいものがいつもあるんだけど、高くて買えない」というあたりです。


ではモテ度の50%とは？

「好きな女はいるんだけど、振られる」あたりになります。

で、モテ度70〜75%というのは「そこそこの相手で妥協」。

そこそこで妥協したらちゃんと彼女ができる。

そんなもの、モテ度60%とか70%以上、**メーター**の上半分に決まってるんです。

じゃあ、モテ度30%とは？

「ここまでする自分が嫌」

「こんなに毎日メイド喫茶に通ってて、こんなに毎日注文してて、やっとこれぐらい会話してもらえるのか、俺は」

というのがモテ度30%ですね。

なんせモテ度0%は「誰からも嫌われる」ですから、メイド喫茶に行ったら、その日メイドが休んじゃう。これがモテ度0%です。

「俺、誰からも嫌われてるなあ」状態です。

男性の場合、ここまで下手に出ないと女の子とは付き合えない。服を変えてハキハキ話してダイエットもして、勉強もして大学いいとこ入って仕事もバリバリやって、そこまでやらないと俺、女に縁がないのかもしれないというのが、男性にとってモテ度30％とかモテ度20％の状態です。これ、すごくリアルな話です

こういう数値化をあえてするのが、思考ツール、**メーター**です。

メーター化しないと人間は全体が俯瞰できない。

ではモテ度80％とか90％とはどういう状態か？

「彼氏や彼女に不自由しない」ですね。

不自由しないと言う場合、その人はすっごくいい女を連れているのか。違いますね。僕らが「食うものに不自由しない」と言う場合、すごくいいもの食べてるわけじゃない。お腹がすいた時、贅沢を言わなければ何か食うものがあるってことですね。

住むとこには不自由してませんというのは、豪邸に住んでるわけじゃないです。住んでる場所に特に不満があるわけじゃない状態のことです。

ということは、女に不自由しないというのは、自慢できるような彼女と付き合ってるわけではないけど、デートしたい時にいつでもデートできます、に決まってるんですね。

これがモテ度90%です。

男性人口の3%ぐらいなんじゃないのかな。

しかし、ここで男女の非対称性が出てきます。

モテ度90%を体験できる男性は、全体の3%ぐらいしかいない。

でも、女性は年齢や立場によって、実はモテ度80%をかなりの割合の人が経験しています。

「そんなの経験したことがない！」「女のことが何もわかってない！」

はいはい、お叱りの声はわかります。

でも、もう一度定義を思い出してください。

モテ度80%とは「彼氏や彼女に不自由しない」状態。

つまり「自慢できるような彼氏じゃなければ、デートぐらいいつでもできる」、これが女性にとってのモテ度80%です。

相手を選ばなければ、気持ち悪いオッサンでも良ければ、女子高生やセーラー服というだけですり寄るような男でも良ければ……。

そう、大部分の女性はティーンから20代前半までは、この「モテ度80%状態」にあるんです。

女性の場合はこのモテ度が年齢によってどんどん下がっちゃう。

つまりモテ度の高い時代は短いから、男を見る目を厳しくするしかない。

結果として「モテ度が高い時代には、あえて低い男性まで視界に入れているヒマがない」ということになります。

ここに、男女の非対称性によるギャップという悲劇が完成するわけです。

男性は年齢が上がってもモテ度はゆるやかに下落するだけ。

女性は大部分の人がモテ度80％を体験できるが、その時期には「自分に言い寄るような男を相手にしているヒマがない」。そして年齢によりモテ度はとつぜん暴落する。


さて、この相談者は要するに「モテないのが嫌だ」と言ってるんですね。

たぶんこの人は若い頃、美人でずいぶんモテたんだと思います。

80％以上、90％に近い状態にいたんだと思うんです。

でも、そこから先、彼氏と別れてしまった。で、次はそこそこで妥協しようと思っても、いつの間にか口説いてくれる相手がいない。

仕方ないので、今から婚活をしよう、とも思い切れない。

かつてモテた自分が、そこまでするのはイヤ。

これが現状だと思います。

現状認識さえはっきりすれば、「スキある女しかモテないの？　スキとは何なの？」と考えるのではなくて、はっきりと「モテるにはどうするか？」という戦略を考えることができる。その視点にフォーカスを合わせて、回答文を書きました。

もう少し思考ツール1、**分析**を説明します。

相談文に対して、まず自分が引っかかる場所を探します。相談文を疑うんです。徹底的に。相談者は文章の素人だからです。考えてることを表現する技術がそんなに高いはずがない。日本語運用がプロ並みに上手いはずがないんです。

通常、相談文は、いろんなことを散発的に、散漫に書いてあります。

「これを言わなければ気が済まない」ってことは、すべて書いてしまいます。で、最後のほうには「何が聞きたいのか自分でもわからなくなってきました」と書いちゃう相談者も多いんですよね。

でも、それって究極の本音だと思うんです。

ステージ4のシングルマザーの例をもう一度見てください。読めば読むほど相談文の中でどこが悩みなんだよ、と聞きたくなります。

でも書いている本人にとってはきっと「これも言わなければ気が済まない。これも聞いてくれないと」という、削れないものばかりなのでしょう。

大事なのは「大局観」です。

将棋とか碁でいうと、盤面全体の配置みたいなものなんですね。

確かに戦いの帰趨はある一場面に集約してるのでしょうが、まず駒や石の配置全体を見ないとしょうがない。


だから最初は、この人は何が聞きたいのか、あえて疑うことが大事なんです。

「スキって何なんでしょうか」とか、「女はスキがないとモテないんでしょうか」って疑問形で書いてるけども、それが一番聞きたいことだろう、などと本気にしない。

まず、徹底的に書いてることを疑う。

最終的には、その人のことを好きにならないと相談に答えられないんだけども、まず疑いながら、相談文を徐々に分析していく。分析というのは客観的なものですから、分析をすればするほど、その人と同じ温度の風呂には入れないわけです。そして分析が終わってから、その人のどこを好きになるのか決めるんです。

ステージ6で答えた「母が何も捨てられず困ります」という相談の場合は、あえて嫌いになるという方法をとりました。

「好きになる」、または逆に「あえて嫌いになる」。どっちでもかまいません。

ダメなのは、冷静なまま好きにも嫌いにもならないこと。これ、最悪ですね。そういう人は人生相談をやってはいけないと思います。

自分の感情がないフリして話しても、本意は伝わらない。困ってる人に理屈だけ差し出しても、無理。

安全圏から「感情抜きで論理だけで」という姿勢で助言しても、そんなの一発で見抜かれます。「この人は私の悩みを使って遊んでるだけなんだな」と。

もちろん、ベストは「その人のことを好きになる」です。でも、その次の手段として、せめてその人のことを嫌いになる。

嫌いになるあまり、言いたいことを全部言うんだ、というエネルギーが自分の中にたまってこないと、やっぱり言葉としてちゃんとしたものって出てこないですね。

だから、恥ずかしくても自分がちゃんと感情的になって、それを意識しないとダメです。

まず、書いている相談を疑いました。

で、分析しました。

次に感情的になって、好きになったり嫌いになったりしました。

これを伝えればいいんだなとゴールが見えました。

ゴールが見えたからといって、それをそのまま答えたら単なるカラオケになります。

「♪私はあなたの問題点を発見しました〜」って。

言うほうは確かにいい気持ち。

解決法発見しましたと言って、それを新聞に書いて、読者が読んで「岡田先生すごい」と言ってくれる。それはいい気持ちですけど、単なるカラオケです。

そうじゃないんですね。

人生相談というのは基本的に、自分を含めた読者全体、日本人全体のマッサージであるべきなんです。

どこかに問題点がある。

それは「肩や腰の凝り」みたいなもので、それに対して実は根本的な解決は不可能なんです。

凝りを作る原因をなくすことはできない。

ある人が「毎日荷物運んでいるから腰が痛い」と言っている。

だからといって、荷物を減らしたり、その仕事をやらないですませることなどできません。

でも、腰の凝りをほぐす程度のことはできる。それが人生相談のスタンスです。

問題点が発見されて解決法がわかった。だからといって、「解決法はこうだよ」と書いて終了してはいけない。

その人が「いかにすれば自分の行動可能なポイントに行き着けるのか」を考える。おまけにそれを、思わず最後まで読んじゃうぐらい面白い文章に落とし込む。

相談者に対して答えるのではなくて、読んでる読者全員の心の中のどこかにある、似たような問題全部に対する回答を与える。これが求められる回答。

このレベルにまで持っていかないと、新聞読者は読んでくれないんです。

しょせん、自分に興味のない問題だから。

しょせん、他人の悩みだから。

自分に子供がいなかったら、子供がある人の悩みは関係ない。自分の親が病気でなかったら、病気の親を持ってる人の悩みなんて読んでも仕方がない。

でも、みんな人生相談を読んじゃうんです。その相談者の悩みから読者の心に引っかかってる問題が出てくるから。

ということは、回答する側は、できるだけ広い層の読者の内面に向かって、「あるよね、みんなの中にこの問題」と問いかけてあげなきゃいけない。

そのためにその問題を論理分解、因数分解するわけです。

僕がまず悩みに関して、「あなたの悩みというのはこのような構造になってますね」と言うのは、問題をわかりやすく単純化するためだけではありません。

「こう考えたら、読んでるあなたにも無関係じゃないでしょ？」という意味なんです。

「悩みのるつぼ」では、できるだけ以上のような「誰かの悩み＝誰もが思い当たる問題」に答えようと努力していました。

でも、書いているうちにもっと上のレベルが見えてきました。

悩みの相談に答えていると、「絶対に解決不可能な悩み」にぶち当たります。

たとえば、こんな悩みです。


クラス内の位置が気になります……◆相談者―中学生／10代　2010年7月10日／朝日新聞／朝刊

中学2年生の女子です。クラスの女子には階級があります。

明るくて派手なグループが一番地位が高く、その下が「2軍」、一番下が暗くて地味な「陰キャラ」です（母の時代は「ネクラ」と言ったそうです）。先生はクラスの中心である派手グループと絡んで授業やホームルームを進めるし、男子に人気があるのも彼女たちです。

私は、一番地位の低い陰キャラで、派手グループの子には無視されるか「暗い」「キモい」と言われ、先生にも男子にも話しかけられることはありません。同じ陰キャラには、かわいくておしゃれな子や、勉強ができる子もいて、すっごく暗いわけではないのに、何で陰キャラなのかわかりません。

まあ、たしかにアイドルより動物が好きだったり、ショッピングモールより公園が好きだったり、ちょっと話題がずれてるかも。部活も地味な卓球部です（いまイケてる部活はバスケやバレーボールです）。

おしゃれやテレビの話が好きで、テンションが高くて、いつも街に出てプリクラやカラオケで遊ぶ派手グループに入りたいわけじゃないけど、女子にも男子にもさげすまれるのはイヤです。普通に楽しく中学校生活を送るにはどうしたらいいのでしょうか。クラス内のポジションなんか気にするな、って言わないでください。女子中学生にとって、一番大事な要素なのです。

◆回答者—岡田斗司夫

残念ながら「普通の楽しい中学生活」は存在しません。

「楽しい中学生活」なら可能です。「オシャレでテレビの話が好きになる」、つまりバカになって派手キャラになるか、2軍グループで陰キャラを差別すればいい。バカになるかイヤな奴になるか、このどっちかです。

どっちもイヤなんですよね？

転校しても状況がよくなる可能性は少ないでしょう。あなたの中学だけの問題ではないからです。日本中、どの中学校に行っても同じでしょう

この時期を乗り越えるためには、四つの選択肢があります。

A　自己改造……自分の趣味を変え、アイドルやショッピングが好きなフリをする。なんとか2軍に入り、陰キャラの悪口を積極的に言うことで、あわよくば派手キャラの仲間を目指す。

B　社会改造……こんなクラスは間違っているという主張をもち、生徒会に立候補したり、先生に訴えたりする。成果が出ない場合は、同じ気持ちの友達とグチを言いあう。

C　環境変化……家庭と中学生活以外に、所属できるグループを見つける。塾でも習い事でも地域のスポーツでもネットでも、少なくとも二つ以上に所属する。

D　逃避……一番ひどい中学時代は自分を慰め、息を潜めて高校になるまでひたすらがまんする。陰キャラ同士で仲良くし派手キャラや2軍には近づかない。

Aは強いけどイヤな子、Bは正義感があるけど暗い子、Cは賢いけどずるい子、Dは優しいけど弱い子、です。

今のあなたはDです。これがイヤなら、踏み出す方法は、ABCのどれか。

Aになれますか？　クラスのこういう人が嫌いじゃないですか？　でも今よりマシ、と思えるならAを目指しましょう。

Bは「悪目立ち」しますし、あまりオススメできません。でもどうしても周囲が許せない、と思うならやってみましょう。

Cはオススメです。学校と家以外に相談したり友達ができる場をさがしましょう。同じような悩みを持つ仲間を見つけ、彼らのためになにか出来ないか考えてあげるのです。

あなたの悩みは残念ながら誰にも解決できません。でも誰かの悩みを聞いてあげると、少しだけ軽くなりますよ。

僕も今、中学時代のことが少しだけ軽くなりました。

ありがとう。

この回答については次の悩みのるつぼ・メイキングも併せてご覧ください。

「絶対に解決不可能な悩み」とはなにか?

今の自分の中でも進行中の悩み、自分の中にその未解決の問題がまだあるんですよね。

いじめられて困っているって女の子の悩みというのを考えた時に、「ああ!」と自分の中に発見しました。

僕自身もいじめられた経験もあれば、いじめた経験もある。自分でも驚いたんですけど、そういう経験って未解決のまま心の中にずっと残ってるんです。

そんな場合は回答なんか不可能です。

質問に対して、その質問に「だからこうすればいいんだよ」と答えるのではなく、同じ痛みというのを感じるようにして、それを分解して誰もが持っている問題にすることしかできません。

するとその瞬間、

「そうか、このいじめる・いじめられる、無視する・無視される問題というのは誰でもあるんだ。

おまけにそれは根本的に解決不可能なんだ。

解決不可能なんだと、まずはっきり認めなきゃダメなんだ」と自覚できました。

だから、この相談に対しては、「あなたの悩みは残念ながら誰にも解決できません」と答えました。本当に正直に。

で、「でも誰かの悩みを聞いてあげると、少しだけ軽くなりますよ。僕も今、中学時代のことが少しだけ軽くなりました」と続けたわけです。

もし紙面が許せば、もっと長く書きたかった。

「あなたがそういうふうな質問をしてくれて、僕は救われました。

同じように苦しかった子供の頃の僕の心がほんのちょっと軽くなりました。

多分、今これを読んでいる人たちも、同じようにほんのちょっとだけ心が軽くなったと思います。

あなたの今の苦しさは、多分解決できない。

でも、あなたが生き残って大人になった時、誰かに相談を受けると、やっとちょっとだけ心の傷は癒やされます。でも、それはやっぱり、その苦しんでる当の子供の悩みは解決しないんです。

そうやって、次の世代の誰かから悩みを打ち明けられた時に、自分の心の負担がほんのちょっとだけ解決する、そんな問題なんですよ」。

これを書いた時、僕自身がすごい救われたんですね。

「悩みのるつぼ」のゴール地点は、自分の心の中に引っかかっている、人生の中でもう忘れたつもりになってるほんのちょっとの問題が、少しずつ少しずつ解けることです。

「相談者の問題」から「みんなの問題」へ、「みんなの問題」から「私自身の問題」へ持っていくと、ようやっとこの円環が解決するわけです。

悩み相談の答えは二人で見つければいい

これまで本書で僕は何度も書きました。

「すぐに解決策を考えるな」「もっと問題の底に潜れ」と。

なぜみんなは、そんなにさっさと解決策を言いたがるのでしょうか？

それは、実は自分の中に未解決な問題があって、それが解決できてないからです。

だから、人間というのは安心したがるあまり、手近な解決策を言いたがる。

次に、共感して「あなたも大変ね」と言おうとも、やっぱりそれでもまだ自分の中の問題というのは解決してないんです。

昔あった問題、失恋の問題とかを言われた時に、「私も昔こんなつらいことがあったのよ」

と言ってちょっと楽になるかもしれないけど、その程度なんです。

人から悩みを打ち明けられたら、同時に「当時の自分の悩み」にも回答するつもりで考える。それが僕の見つけたゴールです。

悩み相談は「相談→回答」じゃない。「相談から始まる対話」なんです。

だから二人で回答を見つける。

「悩みのるつぼ」連載のように新聞読者がいる場合は、読者みんなを巻き込んで「僕ら全員の心の中にあるこの問題に決着をつけよう」と呼びかける。

なぜ私は、相談に答えるのか。なぜ私は他人の人生の問題で悩むのか。

それは、自分自身に引っかかってる「心のしこり」を溶かすためである。

誰もが心の底にしまい込んで忘れてしまってる「心の不良債権」を処理するためである。

ここまでスタンスを決めたら、すごくこの仕事が好きになりました。

1問答えるごとに自分に発見があります。

「悩みのるつぼ」は僕の天職です、と照れながらもはっきり言えるようになりました。

本書では、僕の回答への思考プロセスを、できるだけ丁寧に説明しました。

11個の思考ツールと、その使用法を解説し、「岡田斗司夫的な思考法」を読者のみなさんがトレースできるように書きました。

でも、その目的はただ一つ。

相談や悩みに答える自分が楽になること。

他人の問題に一緒に悩み、一緒に考えるのは、自分自身のためでもあるんです。


本書をお読みくださったみなさんが、11個の思考ツールを活用されることを願ってます。

人の悩みにお節介をやいて介入してください。

でも理詰めで答えたり、解決策だけ与えてさっさと去らないでください。

これら思考ツールは、人を傷つける武器にもなってしまいます。「分析」や「潜行」を使われたら、普通の人は心を丸裸にされたような気がしてしまうはずです。

心の粘膜までさらけ出してる人に「こうするだけでいいはずだよ。なんでできないの？」と問い詰めてはいけません。

そんな「人でなし」にならないよう、注意してください。

「悩み」を打ち明けられたあなたが、実はいちばん楽になる。いちばん救われるんですから。

「他人の悩み」には、いつも感謝するぐらいの態度でちょうどいいんですよ。

では思考ツールの使用法と、「悩みのるつぼ」回答の作り方はここで終了です。

あとは実践あるのみ。

この世界にある、さまざまな「他人の悩み」に、あなたのできる範囲で関わってください。

その場数と経験だけが、あなた自身の思考ツールを磨き上げます。

もし困ったことがあれば、いつでも朝日新聞「悩みのるつぼ」にどうぞ。

僕はいつでも待ってます。

みんなであなたの「悩み」を考えましょう。


２０１２年４月５日（木）　吉祥寺にて　岡田斗司夫

ステージ12　悩みのるつぼ・メイキング

僕のブログ「FREEex公式サイト」には、毎回最新の「悩みのるつぼ」記事を掲載しています。

僕の回答が朝日新聞に掲載されたその日（4週に一度の土曜日）の深夜24時に質問と回答の全文が載ります（http://blog.freeex.jp/archives/cat_10026125.html）。

その中で、ときたま「悩みのるつぼ」のメイキングを書くことがあります。ブログなので日記文体でちょっと勝手が違いますが、ぜひ読んでください。

また、なんと相談者自身からのお便りがメールやブログコメントで届くこともあります。ここではそうした資料も掲載してみました。

なお、メイキング文中のFREEexやクラウドシティなどについては、あとがきで解説しています。

オタクの息子に悩んでいます

◆相談者―母親／60代　2010年6月12日／朝日新聞／朝刊

もうじき30歳になろうかという息子を持つ60代の母です。

息子は、美少女アニメキャラにはまり、美少女物のなかに埋もれて暮らしています。部屋の壁はすべてポスター、クローゼットはグッズでいっぱいで数知れません。

こんな変な息子にしてしまったのは私たち夫婦に原因があります。でも、今それを言ってもどうにもなりませんので、これからのことを聞きたいと思います。

息子は正社員として働き、趣味はパソコンで、最近話題の本なども読んだりしています。でも、とにかくオタクで彼女もいません。最近こういう幼い男が増え、その辺にもいそうですが、私は自分の息子でありながら受け入れられません。注意すると、内にこもります。そうかと思えば、愛車に美少女アニメのポスターを堂々と貼っています。古い人間には、恥ずかしくないのかと怒りがこみあげてきます。

これではいけないと話し合いますが、「人にはバカの壁があり、理解し合えないのだ」と息子には言われます。親子なので何とか理解し合いたいと思いますが、無理でしょうか？　「親だから言うのだ」という私の理屈は今の時代、通りませんか？

子育てに失敗したことは自分でも重々わかっています。息子も私も幸せになれる助言を、よろしくお願いいたします。

◆回答者━岡田斗司夫

問題ははっきりしてます。

あなたは息子が嫌いなんです。気持ち悪いオタクなんて、我が息子でもイヤだ。かまわないと思いますよ、息子が嫌いでも。もうお互い、嫌いでも困る年じゃないし。

子供は三つの段階を経て、一人前になります。

1　保護者が育てる期間……0〜15歳。親や家庭の影響は絶大です。この期間の子供は保護者の責任範囲なので、放り出さずに面倒を見ましょう。

2　大人になる＝独立への助走期間……15〜25歳。子供自身で大人へと変身する過程。まだ学生だったり仕事を始めたばかり。親や環境、友人や仕事の影響も大きく、手助けが必要な期間。この期間終了までに独立させることを目指しましょう。

3　「一人前」になる期間……25〜35歳。一人前とは、仕事で部下を持つとか、家庭を持ったりするなど「弱いものの面倒を見ること」です。こうなると親子関係ではなく、同格の大人同士の人間関係です。苦労した育児はもう10年以上前に終わっていたんですよ。ご苦労さまでした。

さて、1の期間で親子が互いに嫌い合うのは大問題。2の期間で嫌い合うのは家族の不幸です。

しかし3の期間で互いに嫌い合うのは、単なるバカですよ。

お互い一人前の人間で、収入もあります。嫌いになるほど近い関係、ということ自体が間違っている。そうなる前に、さっさと別に住むべきでしたね。

息子が「どうしても経済的にきつい」とあなたに頭をさげるなら、世間並みの家賃や食費をきっちり払わせましょう。間借りの条件として、気持ちの悪いポスターを部屋や車に貼ることも禁止です。ルールを守るなら家賃は光熱費・食費込みで10万円。不愉快なオタク趣味を貫くなら15万円。この差額の5万円はあなたへの迷惑料です。旅行でも習い事でも、気晴らしはご自由に。

さて、悩み相談とは、何より相談者の味方につくべきです。ですが、蛇足として息子さんにも助言させてください。

いい年して実家暮らししてるから、母親の言うことを我慢しなくちゃいけないんだよ。さっさと貯金して家を出て、楽しいオタク人生を過ごしなさい。自分の趣味に没頭していいのは子供か、「一人前の大人」だけなんだよ。

メイキング

実は、朝日新聞からはこの質問を含めて合計五つ、提示されていた。その中から自分の好きなのに答えるというシステムだ。

他には「年老いた女性と、若い彼氏」「自分には取り柄がない、という悩み」「マイナス思考を直したい」などがあった。

これらの質問をFREEexメンバー内のネット掲示板に張り出し、メンバーたちに「どれに答えようか？」「サンプル回答、考えてみて」とアンケートを取る。で、一番多かった「オタクの息子」が当選になったわけ。

メンバーの意見を参考にしながら、まず「僕が言いたいこと」だけを書いてみた。以下が下書きだ。

下書き開始

1　子育ては、子供を幸せにすることではありません。一人前の社会人にすることです。現在の平和な日本社会では、一人の人間が一人前になるには30〜35年かかるという覚悟が必要です。

それを3段階に分けて説明してみましょう。

i　育児期間　15歳まで
ii　教育期間　25歳まで
iii　社会貢献期間　35歳まで

iは、子供が肉体的に大人になるまでです。義務教育期間でもあり、親の責任が大きい時期です。

iiは、学校、友達関係、会社など、本人が自分で選びとった環境から、さまざまなことを学ぶ期間です。

どんな環境に身を置くかで学びの質も変わってきますから、親の助言や助力がものを言う期間でもあります。25歳まで教育期間というのはずいぶんゆっくりした印象ですが、浪人、留学、大学院、専門学校に再入学、専門の資格を取るなど、今は22歳で教育終了というのが難しくなってきています。仮に就職しても給料が安い時期です。大甘ですが、10年間は教育援助期間と考えてあげましょう。

この期間に親は子供の独立を徐々に促し、最終的に独立を「完了させる」義務があります。

iiiの10年間は、社会に必要とされる存在、役に立つ存在になる期間です。会社でも部下ができたり、プロジェクトを任されたりします。結婚したり、子供ができたりという人も多いです。誰かのためにがんばり始める時期、誰のために、何のためにがんばるかを見つける時期とも言えます。

この期間に、親が子供の人生に口やお金を出すのは、してはならないことです。他人の面倒が見られるようになるべき時期に、親に面倒を見てもらっていてはお話になりません。

2　さて、あなたの息子さんのケースを考えてみましょう。

現在、29歳で正社員として働いているのですから、iiの段階は完了していますよね。間違いなくiiiの段階です。この段階の息子さんに関して、悩みの相談を寄せられること自体が、間違っています。

息子さんは、既にあなたの保護下にあるべき存在ではありません。息子の趣味が気になる。あなたの年代ならそうだろうと思います。

そういう男性が世の中にいることは知っているけど、自分の息子がそうだと思うとイヤでしょうがない。そんな男、気持ち悪くて大嫌い。

わかります。まさに、あなたの素直な感想なのでしょう。

29歳なら、そろそろかわいい彼女を連れてきてもよさそうなものです。この調子では、いつ孫の顔が見られることやら。何とかしないと、と悩んでおられる。

でもここで問題なのは、そんな気持ち悪い男と、なぜ一緒に住んでいるのか、ということです。

A 育児期間において、互いが嫌いなのは大問題です。

B 教育期間において、互いが嫌いなのは不幸です。

C 社会貢献期間において、互いが嫌いなのはバカです。

お互い、一人前の人間で、収入もあるのです。嫌わなければならないほど近い存在である、ということ自体が間違っています。

3 さっさと家から追い出してください。息子がかわいそうと思うのは大間違い。あなたは、息子にいいように利用されているだけですよ。きちんと子離れしましょう。

老後の面倒を見てもらうのだからと思っているなら、なおさらです。今、他人のために生きる喜びを知らなければ、息子さんが将来あなたの面倒を見ることなどありえません。人間は、楽なほうに流れる生き物です。決して、勝手に大人になったりはしません。大人として扱われて初めて、大人の自覚が生まれるのです。

あなたが今、息子さんと話し合うことは、さっさと独立しろ、今すぐ下宿先を探せということです。

4 息子さんが、どうしても経済的にきつい、とあなたに頭をさげるなら、世間並みの家賃や食費をきっちり払わせるべきです。また、間借りさせる条件として、気持ちの悪いポスターを部屋や車に貼ることは、禁止事項として言い渡しましょう。

禁止事項を守るなら家賃は光熱費・食費込みで10万円、趣味を貫きたいなら15万円に設定するのも手です。15万円家に入れてもポスターを買う経済力と根性があるなら、妥協してもいいのではないでしょうか？ 差額の5万円であなたは旅行でも習い事でも、気晴らしをすればいいのです。

5　あなたは育児期間や教育期間に、自分の対応が間違ったと考えているようです。が、間違ったのは社会貢献期間で独立を完了できなかったこと、そして現在も、まだ完了できていないことです。

その事実にきちんと向き合ってください。（下書き終了）

いや、自分で転載しててイヤになるよ（笑）。

長々と書いてるけど、これじゃただのお説教だ。いちおう、最後に具体的な提案はあるんだけど、とにかく「あんたは間違ってる。こうしなさい！」という命令口調が強すぎる。

おまけに長いよ。規定分量の2倍以上を使っちゃってる。

じゃあこの原稿はダメかというと、そうじゃない。

お説教でも感情むき出しでもいいから、まずは心の中身を全部吐き出すこと。下書きというのはそのために存在するんだ。

ほら、人に相談すると、解決してないのに楽になった気がする時、あるよね？　あれも同じで、心の中だけに溜め込んでおくのがいけない。

とりあえず一度、書いてみる。書いたら、そのまま最低でも一晩、できれば三日ぐらいは寝かせておく。

人間、三日もあれば少し中身が変わる。

つまり三日後のあなたは、今のあなたではない。三日の間にあった出会いや人との対話、読んだ本が、ほんの少しだけあなたを変えている。

なによりも「下書きを書いてしまってスッとしている」という変化がある。

では落ち着いて下書きの見直しだ。わかりやすいように段落ごとに番号を振ってみた。

1 は持論展開。悪くないけど長すぎる。

2 は今回の回答の本質。ここはあまり削れない。

3 は単なるお説教。ばっさり切るべき。

4 は具体策。短く表現を変えられないか考える。

5 でふたたびお説教。この部分、考えるべき。

うん、5は問題だな。すでに3で説教してるのに、なぜ僕はダメ押しのように5を書いてるんだろうか？

ふうむ、中央の接続詞「が、間違ったのは」にしてるのがマズいんじゃないかな？

間違ったことを責めても意味がない。それよりは、彼女の行いに報いるべき。息子をちゃんと29年間育てて、仕事もしている大人にしたことを認める。「ご苦労さま」と言った上で「もう終わったんですよ」と解放してあげないと、なんだかやりきれない。

よし！　とりあえず方針は決まった。1と4は縮める。3と5はカットして、ニュアンスを変える。2の収めどころだけ考えればいい。

そういうわけで、回答ができ上がった。

余談になるけど、答えた僕もまだ迷っているよ。
本当に「独立」は正しい方向なんだろうか？
単なる「大人になれ」論と、どこまで違うんだろうか？

この相談に悪者はいない。出演するのは善人ばかりだ。
そして、善人というのは〝弱い〟という意味なんだ。
弱い人が身を寄せ合って暮らしていると、弱さゆえに矛先が身内に向いてしまう。

母親は「最近の若者に対する拒否感」を息子に向け、息子は「世間の不理解への不快感」を母親に向けてしまう。

言ってしまえば「互いが本音で暮らしている」から、この悲劇は生まれた。

本音を出して暮らせるのは、育児期間だけなのにね。「もう暮らせない」と思うからこそ、人は自立できる。

でも、その「自立すべし」という処方箋は正しいんだろうか？

僕自身、15年前のデビュー作『僕たちの洗脳社会』で、こう書いた。

「近代的自我の確立とは、幻想だった」と。

じゃあ、近代的自我＝人格の独立性が虚構だったなら、別に自立を目指さなくてもとか、グチャグチャ考え出しちゃって、締め切りギリギリになったんだ。

これじゃイカン。

内心でいくらグチャグチャ悩んでも、それは本人の勝手だけど、新聞の人生相談にそういう迷いは必要ない。思い切ってすっぱり「実用性」のみで書いて、今回の回答となった。

クラス内の位置が気になります・メイキング

「悩みのるつぼ」は編集部から相談をもらうたびに、FREEex内に掲示している。4、5種類ある相談からどれを選んで回答するのか、みんなで話し合うわけだ。

回答者はどれを選んで答えてもかまわない。当たり前だけど普通、自分が答えやすい質問を選ぶのが人情だ。

しかし、ステージ11で紹介した「クラス内の位置が気になります」という中学2年生の女の子からの相談はちょっと事情が違った。朝日新聞の担当者によると、この相談には「岡田さんにぜひ答えてほしい」という一文が添えられていたという。

正直言うと「これ、難しいから逃げたいなぁ」と思った。だって解決不可能な相談だもん。14歳の少女から指名されて「助けて」って言われても、僕にはどうしようもないんじゃないか、と思ったんだよ。


他の相談と並べて掲示した。相談依頼は1から7までの七つ。この女子中学生は1だ。

メンバーたちの反応ははっきりしていた。

1に答えるべき。ほとんど満場一致だった。

・指名でもあるし、ぜひ答えてあげてほしいと思います。
幸い、私には少数ではあるものの「ネクラ仲間」がいましたが、彼女の気持ちはよくわかります（「ネクラ」という言葉は私よりも数年あとに登場した言葉ですが）。早ければ高校で、遅くても大学に行く頃には仲間が見つかるし、今はWebで多くの出会いがあるから心配ないよ、なんていう言葉は彼女には届かないでしょう。コミュニケーションのセミナーでは「性格は変えられないが行動は変えられる」として、なんらかの行動の変化を求めるのが定番ですが、一度貼られたレッテルはなかなか変えられません。そもそも彼女は本当に「陰キャラ」なのかもわかりませんし。なんとか安心できる言葉をかけてあげたい。

・1番が読みたいです。自分の立ち位置を変える方法は、女子中学生だけではなく大人にも十分対応する問題ではないでしょうか。

・1がいいですね。せっかくの指名ですし。クラスに階級があるというのは今も昔も変わらないんですねぇ。

・いやもう、今回断然超ぶっちぎりで1が読みたいです！ きっと彼女も大人になったらいっぱい居場所を見つけるでしょうが、今の中学校という閉鎖社会での現世利益をどう社長が導き出し答えるのか、非常に興味があります。彼女は相談文を読んでいてもとても頭のいい子だと感じますし（中学生で社長を指名だなんて、タダモノじゃないw）、彼女が「蔑まれたくない」と考えるのは非常に正当なことですしね。

何より、昔の自分を見てるようで、他人事に思えないですよ。

・みんなと違うところがあると認識して、上位に行きたいと思ってるのならば、あとは実行するだけではないでしょうか。ファッション誌や流行の曲をチェックして、明るい声でみんなに話しかけてみましょう。でもかわいくてお洒落な子も陰キャラだし、と思うかもしれませんが、その子は一人で居るのが好きか、かわいすぎて逆に蔑まれているだけかもしれませんよ。

中学生ってそんなもんです。その子も上位にいなくてもいいと思っているだけでしょう。

上位に行けたとしても、それであなたが幸せになるかどうかはわかりません。

もしかしたら上位にいつづける努力に疲れ果てて、「やっぱり公園で座っているのが好き」となるかもしれません。

それでもちょっとくらいはファッションに気をかけて、みんなとコミュニケーションを取りましょう。最低限蔑まれない学生生活を維持すべきです。

あなたが目指すべきは森ガールです！

・社長がいつぞやの、「ひとり夜話」で「モテるのは（人気があるのは）明るいバカ」と言っていたのを聞いたことで、何かがストンと落ちたので、そのことを伝えてほしい。

偏見かもしれませんが、新聞を読み相談を送る中学生ってだけで、「明るいバカ」ではないよな、と。

あと、相談者以外にも、新聞を読んでいる人が活用できる確率の多い悩みじゃないかと思うので（5もですね）、1番が読みたいです。

・1について

彼女同様、僕もクラスの皆に嫌われて先生からも無視されてましたが、特に苦になりませんでした。なぜなら別のクラスの友達と漫画を描くのに忙しかったからです。

先生やクラスメートから疎外されている分、付き合う時間も省けて有意義に過ごせました。

ぼくはクラスの全員にあだ名をつけて、ストーリーを作ってました。まあ『坊っちゃん』の真似事をしてたわけです。

観客主義に徹し、クラスを分析してはどうでしょうか？　皆エリートでまじめなクラスより1軍2軍のあるクラスって面白いじゃないですか。

・やはりまずはだんぜん1です。

社長を指名してきたところからして、おそらく相談者本人が、以前の社長の回答「ダイエット中学生」「父が嫌いな女子高生」の少なくともいずれかを読んで、〈この人なら！〉と思ったんだと推測されます。自分が言うべきことでもないような気がしますが、じつに回答者冥利に尽きる話だと思われ、ぜひ答えていただけたらと思います。

また、相談の内容じたいも、いわゆる〈スクールカースト〉と呼ばれるような、多くの学校で現在進行形で起きている事態に関わっており、宇野常寛ではないですが、ともかくそうした状況下で、「決断&サヴァイヴするしかないですよ」以上の処方箋（?）も必ずしも示されていない現状で、回答の意義は相当大きいかと。
・皆さんと同じくこの相談の回答に関心があります。
私の頃は、はっきり覚えていないのだけど、確かに人気の有る無しはあったものの、それほど明確な「区分」はなかったような気がします。

ただ、女性の世界のポジショニングは、実は年を重ねても続きます。専業主婦の世界は、まさにそれだそうです。そこでの地位は、（1）夫の社会的地位・収入、（2）子供がどこの学校に通っているか……で決まるそうです。どちらも、くだらないです。当該女性の本質と関係ないことで決まるわけですから。

私には色々見えなすぎて、よくわからない。

以上、メンバーたちの意見を読んで、それでも僕は迷っていた。

確かにこの問題に対する明快な対処法など聞いたことがない。つまり、「絶対に解決不可能な問題」ということだ。

逃げたいなぁ。

正直、ギリギリまでそう思っていた。

でも、この女性メンバーのコメントを読んで、気が変わった。

・1の希望が多いですね〜。まぁ、かくいう自分も1が読みたいと思っています。ものすごく自分と重なる部分がありました。

彼女の言うとおり、中学生のクラス内でのポジションは死活問題だと思います。「気にしない」では確かに済ませられないんですよね。

自分も下位層だったので、人気者にくっついている人たちのグループからいろいろ言われたりしていましたよ。

同じグループ内の友達と学校帰りに公園に寄って、「なんでいじめられるのかなぁ……」なんて言いながら、夕日をバックに傷を舐めあったりしたものです。

やっぱり公園に行くのか（笑）。

彼女を含めた世の中の同じ悩みを持つ人が、ちょっと楽になれますように（もし回答してもらえるのなら）。

彼女はまだ若く、しかも先日結婚して幸福な新婚生活を始めたばかりだ。いつも笑っていて、そんな過去があったなんて僕は知らなかった。

「やっぱり夕陽を前に悩むんだね？」と冗談ぽくふってみると、「そうなんですよ〜。人間ってそういう時でも絵になるＴＰＯを選んじゃうんですよね〜」と笑いながら返してくれた。

「でも、あの時一番しんどかったのは、『これがいつまで続くんだろう？』ということでした。いじめられるとか無視されるとかよりずっと、いつまで続くかわからない不安のほうが怖かった」

僕の心はここで決まった。

問題の解決をしようなんて、回答者のエゴだ。

回答できないからスルーしようとする。それは彼女に対して、同時にこの女性メンバーの過去に対して、加害者に、あるいはその共犯者になることだ。

未完成でもいい。とにかく何か答えられればいい、と思って僕は下書きを始めた。

下書き

『中二病』という言葉があります。中学2年生は、それくらい人生で最も愚かで残酷な時期。『普通に楽しく中学校生活を送る』とは、『2軍にいながら陰キャラをいじめ、1軍を目指す』を意味してしまいます。

イヤでしょうが必然です。

なぜそうなってしまうのか？

中2は、生物的に体はほぼ大人なのに社会的には一人前ではない。まだまだ役に立ちません。だから大人たちは、あなたたちを1カ所に閉じ込めて、社会の邪魔にならないようにしています。勉強だの、集団生活を学ぶだの、言葉は取り繕っても、働く親のため幼児を預かる保育所と同じ。きつい言い方をすれば、中学校は時間で区切られた牢獄です。

目的もなく閉じ込められた数十人、数百人の集団内では、必ず、退屈と暴力が支配します。そういう環境で、人間は必ずそういう行動をしてしまうものなのです。

仲良くしなさいという教えは、何の力も持ちません。

アメリカでは実際に、学校内暴力事件で人が死んだりしています。日本は、言葉の暴力や関係性の暴力（無視とか）が中心で、まだましと言えます。

教師のせいでも、生徒のせいでも、親のせいでもありません。みんな、良いと信じてやっていることなので、安易に誰かを恨んでも、何の解決にもなりませんよ。

代わりのシステムが生まれない限り、この状況は変えようがないのです。

もちろん、あなたのクラスだけ、あなたの学校だけの問題でもありません。だから、転校したからといって劇的に状況が良くなる可能性は少ないと思います。

高校になればこの傾向は少し弱まり、大学では相当軽くなるはずです。

とはいえ、あなたにとって今この時が切迫した問題なんですよね。

今、この時期を乗り越えるためには、四つの選択肢があります。

A　自己改革
自分の趣味を変え、アイドルとショッピングモールを好きなフリをする。何とか2軍に入り、陰キャラの悪口を積極的に言うことで、あわよくば1軍入りを目指す。

B　社会改造
こんなクラスは間違っているという主張をもち、生徒会に立候補したり、先生に主張したりする。成果が出ない場合は、同じ気持ちの友達とグチを言い合う。

C　環境変化
中学生活以外に、放課後に所属できるグループを見つける。塾でも習い事でも地域のスポーツでもネットでも。少なくとも二つ以上に所属する。

D　逃避
　中学時代が一番ひどいのだと自分を慰め、今のまま高校生になるまでひたすらがまんする。陰キャラ同士で仲良くして、1軍、2軍には近づかない。


A—強いけどイヤな子、B—正義感があるけど暗い子、C—賢いけどずるい子、D—優しいけど弱い子です。

　今あなたはDですが、これではイヤだと思っているわけですよね。

　一歩踏み出す方法は、ABCのどれかです。ABは、すべてを失う可能性があります。踏み出すならまず半歩。誰かと二人一緒がいいかもしれません。Cはいつでも引き返し可能。軽く試してみるには向いています。

　あなたができること、あなたに向いている方法を考えてみましょう。


　以上の下書きを書いても、僕の心は晴れなかった。

　分量は規定を遥かに超過してるし、なんだか理屈で丸め込んで「納得しろ」って言ってるような気がしてしまう。

　それでも思い浮かばないんだから、もう仕方ない。締め切りギリギリになって、とりあえず文章を削る作業に専念した。

途中で、書いてるのがイヤでイヤで仕方なくなった。

彼女は「今」が苦しいんだ。「未来」が見えなくてしんどいんだ。

状況を整理して、選択肢を与えて選ぶように助言して、それが何になる？

でも時間は過ぎてゆき、締め切りは迫る。書くしかない。不完全なものでも「はい、できあがりです」と渡すのがプロだ。プロとは「納得できるものだけを出す」のが仕事じゃない。それは芸術家だ。そんなきれい事を言うヤツは、単に「納得できる」レベルが低いだけだと思う。プロとは「納得できなくても締め切りを、約束を守ること」だ。新聞はライターだけで作ってるんじゃない。取材する人、見出しをつける人、分量の調節をする人、印刷する人、配る人。その全員が「納得できるものだけ」とか言い出したら、年に3〜4回しか発行できないに決まっている。

「制限の中でベストを尽くす」「出来に納得できなくても、少なくとも堂々と人前では胸を張る」

それがプロとしてのプライド、矜持だ。

自分にそう言い聞かせ、原稿の文章を削り続ける。

メンバーたちは僕の回答を見て、どう思うだろうか？

「岡田斗司夫もたいしたことないよな」と思うんじゃないだろうか？

新聞の読者は？「やっぱり人生相談コーナーなんていい加減だ」と思うだろうか？

でも、もしガッカリするとしたら、それは「期待したから」ガッカリするんだろう。

「期待する」？

そう、メンバーたちは「岡田斗司夫に答えてほしい」と期待する。なぜかというと「中学生の気持ちがわかるから」。

新聞の読者もきっと「彼女の気持ちがわかる」からこそ、「なんとかしてあげてほしい」と期待する。

そうか、彼女だけの問題じゃないんだ。

僕たちの心の中には、多かれ少なかれこの「中学2年の女子」がいる。似たような経験や思いやつらさを味わってきている。

みんな、心のどこかで夕陽を見ながら「いつまで続くんだろう」って思った自分を、その頃の自分をなんとかしてあげたいと思ってるんだ。

わかった。

相談者の女子中学生に対して、僕は無力だ。「こう考えてみましょう」という程度のヌルい助言しかできない。

でも、一生懸命に考えて答えることにより、彼女は「誰かがちゃんと答えようとしてくれた」という部分だけでも、ほんの少し心が軽くなるかもしれない。

でも、本質はそこじゃない。

大事なことは、彼女の相談を読んだり、僕の回答を読んだりする人たちの心の中にいる「弱かった自分」は少しだけ救われる、ということだ。

この回答で救われるのは、相談者の女子中学生じゃない。

相談文を読んで、自分を思い出して、悩んだり思い出したりした人たちだ。

彼女以外の、この問題のすべての被害者や加害者や共犯者たちの、心の十字架をほんの少しだけ軽くする。

僕は彼女の悩みに答えられない。

でも、今の僕は彼女の問題に答えることで、少しだけ「かつての自分」が楽になる。

彼女も、数年後かもっと先、同じような悩みを後輩か、ひょっとしたら彼女自身の子供から打ち明けられた時、やっぱり答えられなくて解決できなくて悩むだろう。

でもその瞬間、彼女自身の心はほんの少しだけ軽くなる。

問題は解決できないし、回答もない。

でも「なんとかしてあげたい」というパワーだけは、伝えることができるんだ。

僕たち人間は「他人の苦悩」で、自分の悩みやつらさを少しだけ薄めることのできる、そんな罪深い存在だ。

罪をなくすことなんてできない。解放される方法もない。

でも生きていかなくちゃいけないし、答えられない問いにも答えるしかない。

「つらいよね。わかるよ。僕たちもつらかった。でも言ってくれてよかったよ。相談してくれて、ありがとう」と。

ほんの少しでも救われたのは僕だ。僕たちだ。

そして相談者の女の子も、いつか誰かに相談された時に、ほんの少しだけ気が楽になるだろう。それまで元気でやっていけることを心から願う。

だから僕は、結びに相談者へのお礼を書いた。

これが今の僕にできるベストだ。

父親が大嫌いです・メイキング

これは本書のまえがきで紹介した相談です。これには、かなり悩んだよ。なんだか言いたいことや聞きたいことが浮かんでは消えて、言葉になりにくかったからだ。最初、思ったのは「なんだかキツい文章だけど、妙に心にひっかかるな」という部分。後半の「父を好きに……なろうとしても」という部分だった。

彼女自身も「好きになろうとしてる」けど、「心の大部分がダメを出す」という状態なんだと思った。

僕たちの心は、「一つの統一された自我」ではできていない。自分の心をよ〜く観察すると、「いくつもの考え」が交ざっているのがわかる。

「いくつもの考え」というのは、複数の価値観がそれぞれ固有の「語り口」で主張している状態だ。

僕たちの脳内には複数のキャラが存在し、彼らが話し合って行動を決めている。

僕はこれを「脳内学級会」と呼んでいる。声の大きい奴もいれば、冷静な奴もいる。気弱だけどガンコな奴もいる。ただし、先生はいない。無力な学級委員長がいるだけ。

そう、この学級委員長こそ「私」なんだ。

で、彼女の脳内には「お父さんだから好きになりたい」という女の子が確実に住んでいる。でも、それよりずっと声の大きくて威張っている「怖い人」がクラスを支配している。それが「母親」じゃないか、というのが僕の感想だ。

ここまで分析したら、あとはどうやって新聞の文字数制限内に落とし込むか、だ。

事情を彼女に伝える、それも納得してもらえるように伝えるには、母親自身の矛盾点、すなわち「お父さんみたいにならないように」を切り口にするしかない。

そこから入って、分析にたどり着くのに全体の半分までに収めなくちゃいけない。分析だけで終わってしまったら、彼女は母親まで憎むことになる。父が嫌いで母まで憎んじゃったら、彼女の人生に救いがなくなる。

そんなことは絶対にやっちゃダメだ。

では後半の展開は？

今後、どのようにするか。どのように「現状を捉え直し」「心を立て直し」「〃今日からできること〃に落とし込む」か？

まず、母を赦《ゆる》さなくちゃいけない。母の絶望とその原因の特定。新しい感情のはけ口の提示。

そのために女子高生の相談者でもできることの例示。ダメだった場合、最悪は「逃げればいいい」という落としどころの提示。

彼女自身、これまでいろんな人に相談してきたかもしれない。最後の「思春期という理由で片付けないでほしい」という叫びは、それまで彼女がどんな相談をして、どんな「回答」を得てきたかがうかがえて痛ましい。

さて、こうして方向性は決まった。

でも分量がオーバーする。何度書き直しても、14文字×66行に収まらない。何十行もオーバーしてしまう。

分析→考え方の提示→具体的助言までをこの分量で、という注文が最初から無理なんだよな。僕の顔写真とか不要だからカットしちゃえば、あと20行ぐらい使えるのに。いやそれより、他ページのつまんない○○○とか終わっちゃえば、まるまる一面使えるのに！

などと不毛なことを考えながら、ひたすら文章を削る。

助詞を、助動詞を、接続詞を切る。指示代名詞を切ると、文節そのものまでカットできることに気づく。

どんどんカットすればするほど、相談者への気遣いまで失ってしまいそうになる。なんとかギリギリ、雰囲気だけでも残して、ひたすら切る。

だから僕の回答は、毎回ギチギチで改行もロクにないんだよね。

そうやってようやっと完成したのが、今回の回答だ。

コミュニケーションって何？

◆相談者―転職活動中／30代女性　2011年7月30日／朝日新聞／朝刊

30代後半、再就職活動中の（独身）女性です。

⑴　コミュニケーション能力のある人　⑵　率先して仕事をこなす人――求人欄によく書かれている文言ですが、会社が求める「コミュニケーションにたけた人」とは、どんな人物像なのでしょうか？「率先して仕事をこなし」ても、何かあったときには、自己責任と言われそうで怖くなります。

私が前職を辞めたのは、上司との人間関係が原因でした。

上司は、私と年齢が近い女性でした。ある日、女性だけの飲み会で、上司が私に頼んだ仕事を彼女自身が忘れていたのに私のせいにしたため、反論しました。すると「上司って何だと思う？」と問われたので、「部下を指導・教育し、間違えた時は責任を取る人」と答えると、「会社に損害が出た場合や、お客様には責任を取るけど、部下の無責任な仕事の失敗は、私は取らない」と言われました。

私は責任を持って日々仕事をしている、と自信がありましたので無性に腹が立ちました。

無職となって半年、仕事に就くのが怖くて仕方がありません。「自分で何でもこなして欲しい」などと仕事の説明を聞くと、きっと上司は責任を取ってくれず自己責任となる、と不安になります。後日不採用の電話を受けると安心しますが、落ち続けていると、今度は仕事が見つからない不安に陥ります。

◆回答者―岡田斗司夫

相談文を経営者を含む何十人かに見せたら、ほぼ全員が「この人は雇いたくない」と答えました。私も正直、今のあなたを雇うのはムリです。

なぜなのか、それは正当な評価なのか？　それを今考える必要はありません。とりあえず「誰も今のあなたを雇いたくない」という事実を受け止めてください。

さて、現状を整理します。あなたの人生は破産寸前です。これを非常事態と考えていないことが、問題をさらに深刻にしています。

今すぐ、預貯金など資産の残高合計と、6カ月前はいくらあったかを確認し、引き算しましょう。半年でいくら使いましたか？

たぶん60万〜90万円ぐらいだと思います。小型車が買えるか、ヨーロッパ旅行に数回行ける金額。これはあなたが「人間関係で仕事を辞めたことに傷つき、それを癒やすためにかかったコスト」です。

この金額を6カ月という期間で割りましょう。これがあなたの「生きるのに必要な毎月の維持費」です。

毎月の維持費で、いま残ってる貯金を割ってみましょう。あと何カ月、働かなくても生きていけますか？

もし貯金残高が1億円で、維持費が10万円なら、千カ月つまり80年は働く必要はありません。気が済むまで、傷を癒やし理想の職場や上司を探せます。でも現実には、あと数カ月じゃないですか？「心の傷を癒やす」のに、あといくらコストを支払いたいですか？

とりあえず残金が1カ月分を切ったら、長い休暇は終わりです。余計なことは一切考えず「生きるため」だけにお金を稼いでください。仕事はえり好みできません。あなたを「雇いたい人」はいないからです。雇ってくれる仕事であればなんでも働きましょう。

自分の責任を全うするためでもなく、人間的成長のためでもありません。生きるため、喰《く》うためだけに、クビにならないよう嫌われないように働いて下さい。

もう一度、今と同じ額の貯金ができた頃、きっといろんな人が「うちで働いて欲しい」という人材にあなたはなっているでしょう。「コミュニケーションとは何か？」も、もう十分わかっているはずです。

「生きるために、喰うためだけに働く」という覚悟はしんどいです。でも今のあなたの逃げ場のない辛さよりは、ずっとマシだと思います。

生きるチカラを取り戻してください。応援しています。

メイキングへの補助線

自己評価が高いから、再就職できない。自己評価が高すぎるから、自分から前職を辞めるハメになった。

しかし、そこを指摘しても意味がない。この人の問題点や欠点を指摘しても、効果がありそうに思えない。とりあえず「俺は雇わないけど」というのがギリギリ。

問題はカネ。

こういう人は世の中に山ほどいる。カネがあれば、この性格のままでも全然ＯＫ。カネさえあれば、コミュニケーション能力に多少の問題があっても「消費者」としてなら生きていける。

問題は「もうすぐ、そのカネもなくなる」ということ。

繁栄や発展の本質とは「弱者でも生きていける」ことだ。科学や経済の発達は、身体弱者でも住みやすい社会を作った。しかし、それは社会的コストがかかる。コストが維持できなくなると、身体弱者はあっというまに「ジャマだから生きるな」という世界に戻される。正しい正しくない、という話ではなくて、それが世の中の現実だ。

だから政治家や官僚は「経済発展」にこだわる。

「原発がなくてもいいじゃないか、もう一度貧しくても美しかった国に戻そう！」

という主張は耳には心地よいんだけど、「貧しくても美しい」と「弱者の切り捨て」はニアリーイコールになりやすいことを忘れてはいけない。

身体弱者と同じく、「心の弱者」だって、昔から山ほどいた。彼らは昔、低所得の単純労働者としてしか働けなかった。または役立たずとして家族に飼い殺しにされていた。

そういう「心の弱者」も、科学（ネット）や経済の発展の結果、住みやすい世界になった。

しかし、「心の弱者」が生きるには社会的コストもかかるし、社会の景気が良くないと、あっというまに見捨てられる。そして現在は、どう見ても日本の景気はかつてのバブル的繁栄はもう夢、つまり「弱者をこれ以上保護できない社会」に移行しつつある。

相談者の話に戻る。

彼女は「心の弱者」、だから必要なのは「心を鍛えるジム」、再び働ける環境を得て、自信を取り戻した上で、かつての自分を振り返ればそれで充分。余計な心理分析は、本人を萎縮させるだけ。

……と考察した結果の回答です。

必要なのは「今の君はダメでも、未来の君は大丈夫！」というひと言。

このひと言がない回答は、人生相談の回答たり得ない。

愛とは「根拠のない信頼」のこと。

ちなみに、恋とは「理由のない信仰」のこと。

部下のツイッター注意すべき?・その後

201頁で紹介した回答に対して、質問者本人からメールが来た！

ご本人の掲載許可をいただいたので、ここに公開します。

岡田さま
はじめまして。●●と申します。

9月3日付けの朝日新聞の「悩みのるつぼ」で取り上げていただき、回答していただいた者です。

ご回答の中の、「理由は『上司だから』ではありません。『同じネットユーザーだから』です」には、大げさではなく、鳥肌が立ちました。

私は「上司としてどうするか」で悩んでいました。この視点はまったく欠落していました。

部下に、さっそく助言をしましたところ、素直に聞いてくれ、今では会社のくだらないことは書かなくなりました。

おまけに、お互いFacebookをやっている（もちろん実名で）ことが判明し、友達登録までして、コメントのやり取りもするようになりました。●●●●という共通の趣味があったことは驚きでした。

たまに、Facebook上で、おそらく帰りの電車の中ででしょう、その日の仕事の反省を書き込んだりしており、それに私がアドバイスを返すというようなこともしております。

何にせよ、すばらしい回答をしていただき、感謝の気持ちでいっぱいです。ありがとうございました。これからも、理路整然としたお話を聞かせてください。楽しみにしています。

これを読んで、僕もなんだか鳥肌が立ったよ。

小さいけど、奇跡ってあるんだなぁ。

クラウドシティの僕の日記にこのメールを転載したら、市民さんからのコメントもいっぱい寄せられて感無量。上手く言えないけど、うれしいです。

天涯孤独な人に頼られて

◆相談者―アルバイト／40代　2010年12月4日／朝日新聞／朝刊

昔、アルバイト先で友人だった女性（50代）から助けを求められている40代女性です。

彼女の両親は亡くなり、自身も離婚し、子もなく、ほぼ天涯孤独です。体に変調を来し、全身に激痛の起きる病気を発症し、精神的に多少おかしくなっています。両親の残した家を売って、そこそこの貯金はあるようですが、働けず数年後には貯金も底をつくかもしれません。

私にとって彼女は、ここ数年は年に1度会うか会わないか程度の仲。会って暗い話ばかりされてもつらいので、そろそろ友人関係も終わらせたいと思っていました。それがある日突然、病院から「自殺寸前の状態で来た」と呼ばれ、唯一の友人として引き取るよう言われました。

それ以降、月に1回、親しい医師のいる遠くの病院へ行くのに付き添ったりしています。一人暮らしも難しくなりそうで生活の支援も必要そうです。

放っておいたら一人で生きていくことができない彼女に、友人として手を貸すことは必要だし、仕方のないことだと思って同情もしています。ですが、自分にとって大切ではない人間に、自分の時間や労力をかけなければならないことに、だんだん私も心が折れそうになってきました。人として見捨てることができないということと、「なんで私が？」という気持ちが交錯し、自分自身がいつかパンクしてしまいそうです。

◆回答者―岡田斗司夫

悩んでいる人間はついつい「決心」したがります。

A……彼女が死ぬか、あなた自身が壊れるまで面倒を見る。

B……天涯孤独な彼女を見捨てて逃げる。

Aは無理ですよね？　「心が折れそう」と言うぐらい限界に来ています。といってあなたの性格ではBも無理。罪悪感という第3の問題が生じるから。

この状態から脱出するコツは「決心」や「根本的な解決」を望まないこと。現状の苦痛の半分、せめて1／3減らす程度の具体策のみを考えるべきです。

まず、こう考えてみましょう。

その人があなたの歳の離れた姉だったらどうしますか？　子供の頃から仲の良かったわけではない、これまでもロクに親交のなかった姉です。でも他に頼れる人がおらず、治らない病気で、精神も不安定。自殺寸前の状態で病院に運ばれるような、でも「実の姉」なんです。

あなたはどうしますか？　具体的に数値で考えましょう。

月に1回の通院は付き添う？　週に一度は電話する？　引き取って、自宅で面倒見ますか？

入院費はいくらまで覚悟する？

よく考えて正直に「どうするか」を、今すぐ紙に書き出してください。書きましたね？　さて、それがあなたの「肉親に対する支払限度額」です。

相談の女性はあなたの肉親ではありません。家族でもなければ、大事な親友でも恩人でもありません。同じに扱うべきじゃない。「大事な人だったら支払ってもいい限度額」の1割、つまり「姉だったらするべきこと」の10％で十分です。

「自分の姉なら、毎回病院に付き添う」と思うなら、5回に1回で十分以上。それでは彼女が生きていけないと思うなら、公共機関に相談して、根本的な責任を預けてください。

それ以上の責任や義務は、あなたには負えません。あなたもまた、彼女と同じく弱い存在だからです。支払限度額以上のことをして、あなたが壊れて彼女と同じになっちゃったらどうするんですか。今度は誰があなたの面倒を見るんですか。

あなたは優しい人です。だから「もう十分だ」と僕に言われても悩むんでしょ？　もっと頑張れるんじゃないか、とか。

ダメです。限度額以上、頑張るのを禁じます。約束ですよ？

メイキング

この記事を旧公式サイトに掲載したところ、相談者本人さんからコメントが来た。

ここに書き込みをしてもいいのかどうか、とても迷ったのですが……。

この「悩みのるつぼ」に相談した者です。

今回、私が本当に悩んでつらかったのは、自分にとってさほど大切ではない（むしろ半分終わっていた）友人からのヘルプだったことなのです。

たとえ肉親ではなくても、本当に大切な友人だったらば迷うことなく、自分にできることは何でもするだろうと思っています。たぶん人間なら誰でもそうではないでしょうか。

さらに「友人が私一人しかいない」ということ。

せめて10人、いや5人でも他に友人がいれば、相談し合いシェアし合っていけたのに。

（逆に言うと、友人ができないということは彼女の性格にも問題があるという、そういう相手であるということです。）

かといって、この世で一人ぼっちで、誰も助けてくれないというのは、どんなにか心細く不安で絶望しているだろうか、と本当に同情もしているし、なんとかしてあげたいとは思ってしまいます。

また私はかつて、うつ病だった友人を自殺で亡くしているので、その時に「なぜ気づいてあげられなかったのか」と、自分を責めましたし、同じあやまちを繰り返したくはない、という思いもあるのです。

今回の岡田さんの回答には、心底救われました。

「肉親だったらしてあげられること、大切でない友人ならばその1割、10%」という喩え・目安は、数字なのでクールなようですが、実際に何がなんだかわからなくなっている人間には、いったん自分を客観視すること、クールダウンすることが必要なのだと理解することができました。

この10%という数字を鵜呑みにするのではモチロンなく、第三者から、こういう線引きもあるんだよ、と提示してもらえたことで、今後自分で判断していく大きな材料になると思っています。

それから、この欄に皆さんが書いておられたことも、とても参考になりました。

病院のケースワーカーにはもちろん既に相談済みですが、その他にボランティア希望の方たちを探すとか、地域コミュニティとか「なるほど!」なことがいろいろありました。感謝いたします。

朝日の相談欄に取り上げていただけたことだけでも本当に十分だし感謝しているのですが、たまたまこのサイトを見つけて皆さんの書き込みを読んでいたら、私なりにお伝えしたいことが出てきてしまい、図々しく書きこんでしまいました。

岡田さんには100回でも、ありがとうございました！　とお伝えしたいです。

さらに朝日新聞担当者から転送されたお便り。プライバシーに関係ある部分を伏せて公開します。

岡田斗司夫様

12月4日付「天涯孤独な人に頼られて」にてご回答を頂戴した者です。

まさか、本当にご回答を頂けるとは夢にも思っていなかったので、記事を見た時にはまずびっくり仰天いたしました。

さらに、まるで直接お話をしたかのように、私の気持ちや状況をわかってくださっている……と、もっと驚きました。なんてすごいかたなんでしょう!!!

一度めに読んだ時にはおいおいと号泣してしまい、何度も読み返しまた泣いて、泣いた後ものすごくさっぱりした気持ちになっているのに気づきました。具体的な道が、光が射すように見えてきたからだと思います。

これまでは周囲の人たちに相談しても、

「見捨てて逃げなさい」

「あなたがやる必要はないから、公共機関に預けなさい」

という、極端な意見しかもらえませんでした。

岡田さんがおっしゃってくださった通り、見捨てることだけはできないのですが、「肉親ならばどのくらいできるのか?」を具体的に決めて、「その1割、10%」という目安……おおおお!

それならば頑張らなくてもできそうに思えます。

さっそく、具体的にこれからの対策を考え中ですし、今後も状況に応じて変わってくるでしょうが、自分の中の指針がはっきりしているのでもう迷わずにいろいろと対応できると思います。

彼女は最近は幻聴がひどくなり、頭の中で「死ね、死ね」と言われているらしく包丁で手足を切ったり、自傷行為も出ています。

これ以上になったら、病院なり施設に入れることになりますが、そのほうが彼女のためだし、正直、私もほっとします。早くそうしたいです。

(なぜ早くそうしないかと言うと、猫が数匹いることもあり、本人はまだ大丈夫だと言い張っているのです。)

先日幻聴と話している彼女に、「今、なんて言われてるの?」と聞いたら、

「●●（私）を殺せ、って言ってる……」と平然と言われ戦慄し、冗談じゃねえやい！　面倒見てて殺されたら割りに合わねえやい！　と、ドン引きしまくって、おかげでむしろ精神的にも思い切り冷めることができました。

まったく本当に、殺されてはかなわないので、彼女の部屋で二人きりになるのは今後極力避けるようにしようと思いますし、「月に1回、●●（地名）の病院へ行くのに付き添う」ことだけを基本にしようと思います。

そして今後どうなったとしても、「経済的な援助は一切しない」。

自分の中で「やること・切り捨てること」が着々と決まりつつあります。

この数カ月、眠れない夜を過ごし続け、食欲もなくなり（結果、ダイエットに成功してコレはちょっとラッキーです＾＾）自分も変な精神状態になりそうでしたが、ひさしぶりにぐっすり眠って、ごはんもおいしいです！

岡田斗司夫さま、本当に本当に、どうもありがとうございました。

こんなにあたたかくて、ものすごい、すばらしい回答を頂戴し、私は本当に果報者だと思います。

心より感謝申しあげます。

私は、書き忘れたので「職業：アルバイト」となっておりましたが、プロの●●をやっております。●●に所属し、あちこちで●●活動をするなど好きなことを仕事にしているので自分自身はとても幸せな人生を送っております。

それだけに、絶望の淵にいる友人を何とか助けなくては、という思いもあったのですが、やはり自分の人生を削ってでも他人の人生、命を救うことには限界があるのですよね。

これからも、もっと悪い状況や修羅場が来るかもしれませんが、その時には常に「自分の支払限度額」を意識しつつ、そのライン内ではできる限りのことをしてあげたいなぁ、と思います。

限度額以上に頑張るのはゼッタイしません、約束します！

ああ、岡田さま　本当にありがとうございました。

長ーい文章になってしまって、お忙しいのに、たいへん申し訳ございません。

心よりの感謝と、敬意を込めて。

付録 悩み全集

妻の悩み

母の悩み

恋愛の悩み

人間関係の悩み

家族の悩み

スキルや才能が欲しい

10代の悩み

このままでいいの？

どうしたらいいのか、わからない

再婚するならA、Bどっち？……

◆相談者―バツイチ女性／45歳

2010年3月20日／朝日新聞／朝刊

45歳でバツイチの女性会社員です。

現在付き合ってる彼が2人いて、結婚したいのですが、選ぶことができないでいます。

2人をA、Bとすると、一応メーン（？）はAで、私にBという存在がいることは知りません。Bはいわゆる元彼で、Aの存在を承知の上で付き合っています。

Aは三つ年上で頼りがいがあり、仕事上でも尊敬されていて夫となる相手としては申し分ないと思います。ただ肝心な「好き」という気持ちが少ないのです。あけすけに言えば一緒にいたい、抱かれたいと思う気持ちがあまりありません。特にAは少しEDの気があるので、時々しか関係をもてません。

逆に、Bは五つ年下で、私が何かと指摘するような場面も多く、夫にするには不安な面が多々あります。でも、それとは関係なく、「好き」で、少しでも時間を割いて会いたい、抱かれたい相手なのです。

来年、私の息子が社会人になるのを機に、結婚して新たな人生を歩みだそうと思っているのですが、肝心の相手が決められません。無いものねだりなんでしょうか？

結婚をせず、ダラダラと二股で付き合っていくつもりはなく、キチンとしたいのです。でもこんなわがままな私は、2人とも別れて1人になって考えた方がいいのでしょうか？

◆回答者―岡田斗司夫

間違えてますよ。二股ではありません。あなたがやっているのは三ツ股です。ここを誤解しているのが悩みの原因です。

あなたは今、3人の男と付き合っている。年上で頼りがいがあるけど男性的魅力が足りないA、年下で頼りないけどセクシーなB、そして面倒を見ていたけど、もうすぐ去ってしまうC、つまりあなたの息子です。

今までのあなたは、3人の男性とのバランスで安定していました。年上Aからは「いつでも結婚ができる」という安心感を、年下Bからは「女性としてまだ魅力的」という自信を、そして息子Cを女手一つで育てることで「母として社会人としてきちんとしている」という誇りを得ていました。

息子Cが独立すると、このバランスが崩れます。「息子が大人になるまで、結婚は考えられない」。Aに対しても、自分自身にも通用した言い訳がもう利かない。さぁどうしましょう？

今までの言い訳にしたがってAと結婚すると、Bと別れなければなりません。息子Cが独立する今、Bまで失うと、あなたの幸福は3分の1になってしまう。大きすぎるダメージですよね。

「AもBも選べない」のは、これが原因です。もともと「AもBもCも得ていた」のに、どれか一つなんて選べるはずがない。

まとめます。あなたの選択肢は以下の二つ。

1　Cのかわりの「結婚しない理由」を見つけて、ABとの関係を続ける。

2　ABを手放さない「悪女」になる覚悟を決める。

1を選ぶなら、副業や資格をとるための勉強、習い事やボランティアなど、自分自身の人生を楽しむための一歩を、踏み出すチャンスになるでしょう。

2を選ぶなら「Aを繋《つな》ぎとめるために結婚し、そのうえでBとも付き合う」ということになります。言うまでもありませんが不倫は民法違反。人生のパートナーとなるAにイヤな思いをさせないよう、細心の注意を払ってください。

ただし、あなたはもう45歳。息子の独立が自明の理であるように、モテぢからも減り、2人、1人と人数が減っていくのは、防ぎようがないでしょう。

男性以外からも幸せをもらえるように、できれば自分で自分を幸せにする方法を見つけてください。健闘を祈ります。

遠距離恋愛の中ぶらりん……

◆相談者―大学生／20代

2011年2月5日／朝日新聞／朝刊

大学4年生の女子です。

付き合っている人が半年前から1年間の留学に行き、今いわゆる遠距離恋愛の状態です。

今の状況は私にとってとてもつらいです。ただ、つらいというのは単に寂しいからというわけではないのです。

今は電話やメールなどで簡単にやり取りができますが、いつも結局お互いの近況報告で終わってしまいます。

彼は留学中の出来事を話してくれるのですが、楽しそうだね、いいねと決まった返事しか返せません。

反対に私のことを話しても同じような反応で、何も話す気になれません。まるで自分の心にうそをついているようでむなしい気分になります。

こうした状態が続き、本当に付き合っているのか付き合っていないのか、自分でも最近よくわからなくなってきました。

私が思うに、付き合うということは、お互いに本音で話し、心が通じ合い、楽しい時間を共に過ごし、それによって心が豊かになることだと思います。

でも今はつらいことがあっても、そばにいて慰めてくれるわけでもないし、本音をぶつけ合うこともできません。今の状態からは何も生まれないような気がします。この中ぶらりんの状態から抜け出すにはどうすればいいのでしょうか？

やはり我慢するしかないのでしょうか？

◆回答者─岡田斗司夫

「立場の不安」と「関係の不安」。あなたは二つの不安を抱えています。複数の不安が掛け算されてしんどくなってる状態、これが「悩み」です。

まず「立場の不安」。相談文の「付き合ってる」を「結婚」に変えてみます。

結婚4年目。夫は半年前から1年間の海外単身赴任。夫は赴任先の事を話してくれるけど「楽しそうだね」とか返すだけ。何のために結婚したのか、自分でも（以下同文）……私が思うに結婚はお互いに（以下同文）……やはり我慢するしかないのでしょうか？

ね？　単にラブラブ新婚家庭のノロケになっちゃうでしょ？　悩みの大半は立場が不安定、つまり結婚や婚約していないから生じてるんです。来週末にでも留学先に旅行して、彼氏に婚姻届にハンコ押させましょう。それであなたは「婚約者の帰りを待っている彼女」です。悩みの半分は解消されますよ。

さて、やっかいなのがもう半分。「関係の不安」です。

なぜ私が婚約を決意して自分から海外に行かなきゃいけないのか？　なぜ私はこの悩みを新聞に投書しなくてはいけなかったのか？

理由は簡単。「私の悩みをわかってくれそうな気がしない」からです。

彼氏は自分の楽しい毎日に夢中。私は「彼女」だから嬉《うれ》しそうに聞いてあげる。こんな関係がはたして「付き合ってる」と言えるのか？

なぜ私は自分の不安を彼に言えないのか？　そもそも、なぜ彼は日本に置いてきた彼女が心配じゃないのか？　彼自身が寂しくはないのか？

ここに気がついてしまったあなたは、今、「関係の不安」まっただなか。対処法は残念ながら存在しません。彼氏は留学するような「自分のやりたいことに夢中になる男」です。彼女の優先順位は低い。あなたが面倒なことを言うと離れてしまうかもしれません。

これが関係の不安です。立場の不安と関係の不安。両方抱えてるから苦しいんですよ。

立場を確立するなら、婚約なり約束を取り付けましょう。関係を確立するなら、破綻《はたん》覚悟で本音で話し合いましょう。

大人になるか、恋愛に生きるか。選択肢は二つです。でも、そんな真剣な恋愛をできるのも、今だけです。もう少し、この状況を楽しんでみるのもアリだと思いますよ。

初恋の彼が頭から離れません……

◆相談者―主婦／27歳

2011年11月26日／朝日新聞／朝刊

27歳、結婚3年目の主婦です。初恋の人がいまだに忘れられず、胸が苦しくなる思いをしています。クラスの人気者の男の子で、小学校5年生から今までずっと心の中にいます。

中学高校時代は告白しようと何時間も彼の家の近くにいましたが結局勇気が出せませんでした。私は自分の容姿に自信がなくフラれるのが怖く、またフラれても想いが消えそうにないとわかっていたので、いつか彼の分身を探すようになりました。

中学3年生の時に愛犬に彼の名前をつけ、高校

2年生の時には彼と同じ名前という理由だけで男の子と付き合い、同じ理由で大学時代もそう、そして今の夫（一字違い）と結婚しました。きっかけは名前でしたが夫は私にぴったりで不満など一切ありません。それどころか優しく理解があり一番の味方です。

いまだに、子供に同じ名前をつけようとか、彼の家のすぐ近くに引っ越そう、などと考える自分が気持ち悪くて大嫌いです。なのに友達伝いで写真を仕入れたり彼の近況を聞いたりして……。彼も私の気持ちは知っているけど知らないフリをしてくれています。極端なことを言えば、彼から精子提供を受け、人工授精で子供を産めないかとも考えてしまいます。

自分に本当に嫌気がさしていますが、どうにもできません。

長年のもやもやを解決できるアドバイスをお願い致します。

◆回答者―岡田斗司夫

あなたがしているのは恋愛じゃありません。

恋愛なら、相手が自分のことを好きになってくれないことが苦しくて仕方ないはず。でも、あなたと彼の関係は、小学校の頃から変化なし。相談文からは「自分の力で少しでも彼を幸せにしたい」と考えている気配もありません。

それ、恋愛じゃないです。

では、あなたの激情の正体はなにか？「単なるあこがれ」？　いや、それも違う。

飼い犬に彼の名前をつける。同じ名前の人とつきあう。これ、すでに「表現したい」という段階に来ている証拠です。それって「芸術家としての衝動」ですよ。人工授精で彼の子供……なんて、才能はないけど過激な芸術家が、てっとり早く作品を作りたがるのと同じ発想でしょう。

もしあなたに絵が描けたら、彼を描いてたでしょう。でも、残念ながら才能はなく、感性だけは十分にある。だから「表現への衝動」で苦しんでいるのです。

才能不要で感性だけでできる作品を考えてみましょう。彼の血を一滴もらって、チョコレートを作る。彼の唾液《だえき》を少し入れたクッキー。あるいは彼の髪の毛を縫いこんだ赤ちゃん人形とか。実際の子供の成長に合わせて人形を大きくして、ベビーカーに乗せて連れ歩くのです。

普通の人なら、以上の私のアイデアはドン引きでしょう。でもどうでしたか？　もし「やりたい！」とゾクッとしたなら、芸術家（別名：変態さん）として生きるべきかも。あなたが「自分に本当に嫌気がさしている」のも、芸術家なら当たり前。車谷先生だって、そう言ってます。

でも「夫とは別れたくない」というあなたは常識家です。芸術家としての人生はオススメできません。叶わぬ想いは成仏させましょう。

何でもいいので、ごく普通の宗教に入信しましょう。仏像なり十字架なりを買って、見えないところに彼の名前を書くか写真を貼ってください。毎日この仏像を、彼だと思って拝みましょう。今日を感謝し、大好きです、見守ってください、と祈りましょう。もっとすてきな女性になります、と誓いましょう。自分の子も他人の子も全部「彼の子供」と思って愛しましょう。

今の夫はいい人で、不幸せにしたくないでしょう？　ならば夫との関係が「愛」、初恋の人への想いは「信仰」です。

大丈夫。あなたなら両立できます。彼と夫にふさわしい、素晴らしい女性になってください。

◆相談者からの手紙

岡田先生　ご無沙汰しております。

昨年11月に悩みの相談でお世話になった「初恋

の人が忘れられない」27歳主婦です。

先生にアドバイスをいただいたおかげで私のその後の人生が大きく変わりましたので、近況をお伝えしたくメールしました。

昨年、掲載された時は「まさか！！」と思い目を疑いましたが、夫に見られないように早々に隠し、何度も何度も先生にいただいた言葉を読み返しました。最初は、あまり理解できなかったのですが、私のしているのは単なる妄想であったことが十分わかりました。

20年以上の大親友も記事を読んでくれ、すぐに私だとわかったようですが、先生と同じようなことを言っていました。

私は厳格な家庭に育ち、芸能人やアイドルに親しむことや遊びをしないまま大人になり、反抗期のないマザコンで、大学を卒業して就職した会社もたった●年で結婚退職し、家庭に入りました。そんな私にとって、初恋の彼が唯一のアイドルであり、芸能人であったのだと親友も教えてくれました。

今まで唯一の楽しみのような存在が実は妄想だったとわかり、これからどうしようと思った時、化粧品をたくさん買った時の懸賞で、あるスターのサイン入りの化粧品が当たりました。たぶん理由は何でも良かったのかも知れませんが、その時の私には十分で一気に私はそのスターのことが好きになり、コンサートやファンミーティング、イベントに足しげく通い、また人生が楽しくなりました。きゃーきゃー中高生のようにはしゃぎ、胸をときめかせ夢と感動をもらっています。

最初は1人で、しかも海外に行くことに夫はびっくりしていましたが、私が楽しそうにする姿を見て送り出してくれ、今では国内外の応援に快く行かせてくれます。飽きるまで思いきりやればよい。とまで言ってくれています。お家にはポスターやグッズなどいろいろ飾りまくり、顔写真が入ったTシャツを着ながら踊ったり、本当に楽しい日々を過ごしています。

ネジが外れたのではないかと（特に私の親から）言われますが、毎日幸せで満たされて、今人生で1番楽しいとさえ思っています。もしかしたら私は学生時代、こんなことがしたかったのかも知れません。

それからやりたかった勉強も始め、通信で大学に通いはじめました。小学校教員免許を取得するために、今一生懸命勉強もしています。もしかしたら社会復帰することはないのかも知れませんが、学んだことを自分の将来の子供の教育に生かしたいという夢もできました。辛くなることもありますが夫の「やりたくないなら、やめて良いんだよ～わがまま主婦に戻れば良いよ～」の一言で私のスイッチはまた入ります。

自分が何をやりたいのかさまよっている部分も多いですが、今までやりたかったことを後悔ないようにやること！これが今の目標です。カジノやゲームセンターにも行きました。年末には夫と冒険旅行もする予定です。こういうことは本来、結婚前に終わらせておくべきだったと思いますが、優しい夫のおかげで自分探しをさせてもらっています。

初恋の人の存在はあっという間に良い思い出に変わり、きっぱりと卒業することができました。

今は、どんな時も温かく見守ってくれ、受け入れてくる夫こそ、私の理想の親像であり、そんな彼の子供をいつか産みたいと心から思うようになりました。

岡田先生、私に人生の転機を与えて下さり本当にありがとうございました。

人間関係の悩み

バイト先での苦言気になる……

◆相談者―大学2年生／女子

2011年10月1日／朝日新聞／朝刊

私大理系2年の女性です。

1年続いた個別指導塾講師のバイトを8月で辞めました。きっかけは風邪で欠勤したことで明らかになった教室長との価値観の相違です。当日の授業の増減はよく起こり、直前に告げられるのが通常になっているのですが、欠勤はなかなか認められず「そこまで悪いことをしたのだろうか」と思いました。

数カ月前から体調不安定で、2週間ほど休みを取りました。すると体調も回復し、「知らぬ間にバイトが精神的な負担になっている」という実感が湧いてきました。大学生だし、勉強や日々の生活がバイトよりも優先されるべきだろうと考え、辞めようと思いました。

それを復帰後に責任者に伝えると、「人の意見を聞かず無理と思ったらやめる、そういう人は伸びない。その繰り返しで40歳くらいで、自分は何やっているんだろうと気づくんだ」「その性格では将来的にうまくいかない」などと言われました。

他にも、仕事を終えたらすぐ帰るなどの私の行動が「自分だけの効率を求める」「コミュニケーションを取ろうとしない」などと指摘され困惑しました。

私の結論には筋が通っているように思います。他の上司や身近な人も賛同してくれましたが、あまりに確固とした様子の責任者の「助言」が引っかかります。第三者からの客観的な意見をお願いしたいと思います。

◆回答者—岡田斗司夫

あなたの判断は間違ってない、辞めたのは正しかった、という「イヤな話」をします。

先生はえらい。なぜか？　我々は先生に立派な人格者であることを「無意識に期待する」からです。警官もえらい。社会は彼らに命をかけた仕事を「無意識に期待」します。

怖いから、家庭が大事だからと、緊急通報を無視して定時で帰る警官は困るでしょ？

この無意識の期待に応えようとする心が「義務感」です。彼らは理不尽な義務感に応えようと、生活や命さえ犠牲にして働いてくれます。だから先生や警官はえらい。

社会から義務感を強要される仕事や立場を「聖職」と言います。あなたのバイト・塾講師もまた、生徒や親から「無意識に期待される」職業、いわゆる「聖職」です。

だから精神的な負担を感じあなたは体調まで壊した。辞めたいと思うのは当たり前です。普通のバイト代しかもらってないし、学生の本分は大学だし。あなたが逃げるのは完全に正しい。

でも、教室長は「プレッシャーがイヤだからって、逃げる？　教師ってそんな〝普通の仕事〟じゃないでしょ？」とあなたに問いたかった。あなた同様に「聖職の義務感」にもう何十年も耐えている彼は、その状態が当たり前になりすぎて、うまく言葉にできない。「市場原理」「労働者の権利」「学生の本分」といういろんな概念を彼もまた理解・納得しているからです。

社会は「聖職」にある者への期待をやめない。でも「聖職」への尊敬だけは支払いをやめてしまった。

教室長も、イマドキの女子大生に「聖職」なんて言えない。だから「それじゃダメだ」とあなたの人間性そのものを批判してしまったのです。

　彼は間違ってます。愚かでした。指摘すべきはあなたの人間性や社会人としての適性じゃない。「聖職者としての自覚」の有無についてです。

　あなたは1年間、望んでないながらも聖職の義務を果たしました。その貢献を讃《たた》え、僕は敬意を払います。気付きにくかったでしょうが、尊敬も受けてきたはずです。つらいことばかりではなかった。あなたを成長させてくれることも、喜ばせてくれることもあった、と僕は思いたい。

　お疲れ様でした。もし元気がでたら、また先生をやって欲しいです。僕たちの社会は、そういう「義務感」の理不尽を引き受けてくれる人を必要としているからです。

　あなたや、教室長のような人がいて良かった。

妻の悩み

夫に油揚げをさらわれます……

◆相談者―ダンス講師／70代

2011年1月8日／朝日新聞／朝刊

　70代のダンス講師です。2歳半の孫が喜ぶ玩具類を、私はよく買ってきます。1歳半のときはアンパンマン、今はきかんしゃトーマスなどです。たまにズボンやTシャツも買います。

　喜ぶ顔が見たくて孫の来るのを待っているのに、孫を見るなり、夫は私より先にその品を手渡してしまいます。さも自分で買ってきたような顔をして。

　孫は「ジージありがとう」と、とてもうれしそうです。そこで「それはバーバが買ってあげた」と孫に言っても、夫への嫌みになるし、孫にもまだ理解できないでしょう。

私が先に渡せば解決するのですが、私はボンヤリ、のんきな性格です。その点、夫は勘がよく、孫の来る頃合いをいち早く察知します。品物も、私が隠していても素早く見つけます。「またやられた」と思いつつも、孫の笑顔を見ると、ある程度は心がなごみます。それでもやはり夫には腹が立ちます。

思い返せば、娘を育てている時もそうでした。結婚以来ずっと、すべてにおいてこんな調子です。トンビに油揚げをさらわれたキツネの心境です。

今年、49回目の結婚記念日を迎えましたが、結婚式以外の48回、夫は忘れたままです。私は夫の物をいろいろ買ってきたのに、夫からは何一つ、結婚指輪でさえプレゼントされたことはありません。こんな夫の性格は死ぬまで直らないでしょうか。

◆回答者―岡田斗司夫

気持ち、わかります。そりゃ「ずるい!」と言いたくなりますよ。でも困ったことに、あなた以外は全員、現状に満足なのです。正義や道理を訴えても、誰も味方にはなってくれません。

ここは戦略が必要です。

まずは目標設定。孫へのプレゼントは「バーバ、ありがとう。大好き」と言ってもらう、が目的。素直に認めちゃいましょう。

目標設定の次は、過去の戦略を反省します。

どこがマズかったのか? 「孫から好かれている」と思いたい。好かれるのに努力してるとは考えたくもない。その辺、みんな察してほしい。「夫も娘も、自分の気持ちを察して、孫に『バーバは優しいねぇ』と言ってくれればいいのに」と、他力本願で考えていること。欲しいモノはちゃんと自分で取りに行きましょう。

欲しいのは好意。でもあからさまに要求するのはイヤ。この基本路線は踏襲しながら、より効果的な新戦略を考えました。

　せっかくだから目標も拡大しましょう。孫と同時に、夫や娘からも好かれたい。「孫も夫もあなたを〝今よりも〟好きにならせる」が新目標です。

　今後、孫へのプレゼントは二つ買ってください。一つはジージから、もう一つはバーバからです。プレゼントの片方は先に夫に渡しておきます。

「孫はあなたが大好きだから、あなたから渡して下さい」とひと言添えるのを忘れずに。

　これで、「あなたが渡すプレゼント」を夫に奪われることはなくなります。ウケそうなほうを夫にまわすと完璧ですね。

　同時に、娘にもクッキーなど小さなものをあげましょう。これはあとで娘から孫に「優しいバーバだね」と言わせるための投資です。

　今年は、結婚50周年ですね？

　今のうちから「50回目だから、あなたの喜ぶものをあげたい。何がいい？」とアピールしてみましょう。「50周年の節目だから思い出にしたい」と言えば、さすがの夫も少しは「じゃあお前は何がいい？」と考えてくれるのではないでしょうか。

　そこまでしても気のない返事のようなら、夫への投資はムダ。口だけの感謝にとどめましょう。

　そして「お父さんはいい人なんだけど」と軽く、本当にかる〜く娘に愚痴を言いましょう。

　プレゼントを渡しながら。

孫が欲しいと伝えたいのです……

◆相談者―主婦／60歳

２０１０年２月20日／朝日新聞／朝刊

ご相談します。

私は60歳で、夫は少し上、33歳の長男と、その下に独身の長女がおります。

長男夫婦も長女も独立し、別居しています。親子関係は自然体でうまくいっています。

悩みというのは、孫がほしいということです。長男夫婦に子どもが授からないのです。出来にくいのかもしれませんが、あえてそのことに私のほうから触れたことはありません。

結婚生活は同棲《どうせい》も含めれば5年になりますが、まだ恵まれません。仕事は２人で飲食関係をしています。可能性があるならば何とか実現してほしいと強く思っております。

長男の妻は、長男より5歳年上の38歳です。まだまだ産める年齢だと思います。「自分たちも子どもが欲しい」ということは、一度だけ長男から聞きました。思えばそのときに、２人に病院に行くことを勧め、私たちも孫が欲しいという気持ちを話せば良かったと思いました。

こういったプライベートなことですから、こちらの希望を話したほうがいいのか、悩んでいるのです。

私自身は直接話してみたい気持ちが強いのですが、彼女にプレッシャーをかけてはいけないなどと思いまして、話せません。それは、長男が、優しさゆえに妻を守っているとも思えるからです。

どうしたらいいでしょうか。

◆回答者—岡田斗司夫

おそらく理由は「欲しくない」「できない」「育てられない」のどれかでしょう。

A　実は子供が欲しくない場合。

息子夫婦は同じ飲食業、もしお店を持っているなら、それを子供のように大切に育てているのかも。家庭と仕事に分離して会話のない夫婦より、具体的で強い絆《きずな》で結ばれているので「子供は別に欲しくない」というパターン、多いですよ。

この場合、たとえ親でも、2人で選んだ幸せに文句を言う権利はありません。一度だけ息子さんが言った「子供が欲しい」を真に受けないように。人間の真意は行動に表れます。どうか2人の仕事を「孫を見るような愛情」で見てあげてください。

B　欲しいけど、医学的に妊娠が難しい場合。

この場合、妻の年齢から考えても、すでにお医者さんに相談しているでしょう。今さら義母から言われるのは、辛いだけですよ。万が一、息子さんに欠陥があっても、はっきり言えないと思います。

成功確率に疑問のある不妊治療をしながら仕事を続けるのも難しいでしょう。本人たちが相談してくるまで、そっとしておくしかありません。

C　子供は欲しいけれど、経済的あるいは仕事を優先して「あきらめている」場合。

子供を産んで育てることが、どんどん難しくなっています。出産・育児・教育と手間やコストは増える一方です。もしかしたら、これが理由で「あきらめている」のかもしれません。

お待たせしました！　この場合のみが、あなたの出番です。

育児を全面的に支援すると提案しましょう。「仕事との両立に自信がないなら援助します。なんなら全部、育ててもいいわよ」と声をかけてあげてください。

産むのは妻にしかできませんが、それ以外は、あなたにできないことは一つもないはずです。「もっとも成果を望む者が、もっとも汗を流すべし」。孫が欲しいのはあなたなんです。あなたも投資・労働しましょう。遠くに住んでいるなら、近くに引っ越すことも考えてください。

息子夫婦は仕事に専念し、孫は祖母が育てる。互いにやりたいことに専念しましょう。本当に大変な時は、互いに助け合えば、最強のタッグが組めるはずです。家族以上の関係を築ければ、素晴らしい老後ですよね。

おかしくなった息子2人……

◆相談者―主婦／40代

2010年9月11日／朝日新聞／朝刊

20代の息子2人を持つ母親です。私と夫は家柄、学歴ともに申し分なく、夫は一流企業勤務、私は専業主婦です。

息子たちにも、同じような高いレベルの人生をと願い、私立中学を受験させ、大学は私たちの出身地の東京へ進学させました。が、思い通りにはいきません。中学は滑り止め、大学も2人は地元を希望し、なかば無理やり東京へ行かせました。

上の子には留学をさせ、「楽しかった」と帰ってきました。知名度の高い企業に就職できたのに、上司のパワハラで1年で退職。再就職は条件が下がり、中小企業の営業マンに。そこで小さなミスを上司がしつこく責め、出社できなくなりました。

下の子は、2浪で入った東京の大学に登校していません。引きこもりで友人もいないようで、アパートの部屋で常にパソコンに向かっています。

不動産を多く所有する夫の実家の管理を息子の仕事にしてやれますが、大学ぐらいは卒業してほしい。上の子はやさしいけれど消極的、下の子はやんちゃで飽きっぽい子どもでしたが、私は、進路などの大事な局面以外は好きにさせてきました。

　夫は身勝手で仕事と自分の趣味に没頭して家庭を顧みず、子育てや家庭のことはすべて私が一人で、完璧にこなしてきたつもりです。何がいけなかったのでしょう。これから２人に何をしてやればいいでしょう。

◆回答者―岡田斗司夫

　あなたのミスは、思想と戦略と手法が一致しないことです。

　思想は「息子を一流の人間にしたい」ですね？　これはＯＫ。

　では戦略は「どのジャンルなら一流になれるかの見極め」であるべき。これに関してはあなたは０点、戦略ゼロです。

　あなたの好む手法は「徹底的に介入し、指導する」です。この手法を使う限り、自分が知っているジャンルしか扱えません。


　息子をとにかく一流にしたいとあなたは努力しました。その努力自体はすごく立派だと思います。でもあなたには「どんな一流が息子に向いているか？」というビジョンがない。しかたなく「私の知ってる一流」という方向で努力しちゃいました。

　あなたがスポーツ選手なら問題ありません。「私のようになれ、私を越えろ！」と教えればいいわけです。同じくあなたの家が老舗《しにせ》だったり歌舞伎みたいな世襲業なら、この教育方針でも決して間違ってはいません。

　しかし、あなたはスポーツ選手でも歌舞伎役者でもない。「私のようになれ」と息子に教えたら、どうなっちゃうのか？　あなたは息子を「一流のお嫁さん」にしちゃったんですよ。長男は留学などのハクをつけ、就活という見合いをくぐり抜け、なんとか就職という結婚にこぎ着けました。でも嫁入り先の会社でイジメられると「実家に帰っちゃう」わけですね。

次男は兄の不幸を見てるから、結婚のハクづけに大学に行ったり資格を取ったりするのがバカらしくなっちゃった。

いまや息子は2人とも「家事手伝い」です。疲れたでしょ？　でもしかたないんです。あなたの知ってる世界はそこまでなんだから。

だからもう「理想の母」しなくていいです。「息子を溺愛《できあい》する愚かな母」になってあげてください。彼らのすることを信じて、愚かと笑われても、夫や周囲に自慢してください。

あなたは世の中の数多い「教育に失敗した名も無き母」の一人です。いまからできるのは、愚かな溺愛だけ。でも、そこから巣立って幸福になった子供だって数え切れないほどいます。

僕もその一人です。僕は、いまは亡きおっかない母が大好きでしたよ。母は僕を溺愛してくれました。

だからもう大丈夫です。手放してあげてください。

論理的な子どもに育てたい……
◆相談者―主婦／34歳

２０１２年2月25日／朝日新聞／朝刊

昨年、男児を出産した34歳の主婦です。

毎回、岡田斗司夫さんの回答を楽しみに読んでいますが、どうしてもお聞きしたくなりました。それは、子供を、物事を論理的に考える人間に育てるためには、どういう訓練、教育が必要かということです。

私自身は「理屈っぽい子」と言われて、育ってきました。何事も、自分が理解していないのに何となくムードに流れるのが嫌で、問題をきちんと①②③と数学のように整理し、解決策を考えたい性分でした。

ただ、不思議なことに、同じ志向の男性とはうまくいきませんでした。夫は融通無碍《ゆうずうむげ》というか正反対の性格です。問題に対してあまり真正面から向かい合おうとはしません。ですから解決しようという気概や意欲はなく、ただ単にうーんと悩んでうなっていれば問題は消滅する、そんなふうな人です。「どっちでも大して変わりはしないんじゃないの」「そんなにスパスパと割り切って考えるから難しくなるのでは」などと、文句を言う始末です。

夫婦仲も相性もいいので、それはいいのです。でも子供には、何か壁にぶちあたったとき、現実に即して物事を考え、いくつかの選択肢から最善の策を取る、賢明な問題処理能力を持たせたいと思います。どんなふうに育てたらいいのか、助言をいただければと思います。

◆回答者―岡田斗司夫

論理力の教育については心配無用。母親のあなたが論理的なんですよ。「勉強しろ?」「なんで?」と毎日激しくやり合ううちに、息子には必要以上の論理力や言い返し力、別名「戦闘思考力」が身についてしまうでしょう。

逆に「他人にあまり理屈を言うな」というしつけが必要です。プロレスラー一家の息子がよその子を殴ったらシャレになりませんからね。論理だけでは役に立ちません。

論理力＝論理的に考える。

解答力＝最善の答を出す。

実行力＝実際に解決する。

いくら論理的に考えられても、答を出せないとムダ。よくいるでしょ?「政府はダメだ」と口だけで言ってる人。彼らは論理力はあるけど、解答力がない。

また「こうすればいい」と思いついても、実行力が無いと絵に描いたモチ。論理力と解答力だけで、実行力がないと〝言うだけの人〟になっちゃいます。

大事なのは総合的な思考力と解決する力、言うなれば「問題解決力」です。

これは五つの要素の掛け算で決まります。①論理力、②人望、③金、④コネ、⑤運。

①と②は弱者の味方、「持たざる者」はこれに頼るしかありません。③と④は、生まれた環境で決まるけど、工夫しだいで徐々に伸ばせます。

各数値が高いほど問題解決力は上がります。でも低い要素が一つでもあると、大きく足を引っ張られます。論理力が高くても、並はずれた人望がなければ、幸福になるのは難しいでしょう。

⑤運は「見切り」のために必要な要素です。たとえば人気絶頂アイドルに恋をした場合、どんなに①〜④が多くても、まず不可能。その場合、「これはムリ。運が無かった」とさっさとあきらめるべき。でないと、ずっと飢餓感にさいなまれることになります。

幸いにも、あなたに無い要素を夫は持っています。理屈は通じない、問題に正面から向き合わない。でも、現に大きな問題もなく、あなたとの相性もいい。たぶん②人望、⑤運が強いのでしょう。

なので、教育の最適解は「いつも親子3人で話す」「共通の目標を持つ」です。3人で力を合わせて社会的な成功、つまり③金、④コネを伸ばしましょう。すると全員の問題解決力が上がりますよ。

教育とは「知ってることを教える」じゃないんです。「子どもといっしょに発見する」のが最大の喜びであり、自分の学びにもなります。楽しい家庭になりますように!

家族の悩み

45歳の息子が自立できず……

◆相談者―年金生活者／70代

2010年11月6日／朝日新聞／朝刊

私が70代前半、妻が60代後半で年金生活をする夫婦です。さいわい2人とも健康です。

私たちには3人の子どもがいます。娘2人は結婚してそれなりの生活をしているのですが、長男が45歳の独身で、私たちには悩みのタネです。

特段、社会的問題を起こしているわけではありません。けれど、今の経済情勢もあって、生活面を含めて自立できずにいる状態です。私は、原因のひとつに、妻と長男の間で「子離れ・親離れ」が完全にできていないことがある、と思っています。長男のほうから援助の申し込みがあるわけでもなく、妻がいつも先回りして助けるので甘えている面もあります。

時折妻に対して「いい加減、子離れするように」と口にするのですが、そうすると、「長男を見捨てるのか、あなたは冷たい」と泣きが入ります。私は長男に対しては強く物が言えても、妻の泣き顔にはからっきし弱いのです。

本来なら長男が私たちの面倒を見てもおかしくないというのに、今はまったくの逆です。自分の身を削ってでも長男を援助しようという妻の、ある意味「誤った母性愛」と、それを矯正できない自分自身が情けない気持ちです。

「夫婦は他人、子どもは肉親」の言葉が頭をよぎります。なにか良い方法を教えて下さい。

◆回答者―岡田斗司夫

回答者の僕は、あなたの息子と年が近いんですよね。なので「息子の気持ち」になって、手紙を書いてみました。

お父さん、僕はいま少しだけキモチワルイです。自分とお父さんとお母さんの関係、その先のことを考えたら、いつもなぜかキモチワルくなってしまうのです。

お父さんもご存じの通り、僕はお母さんにお金をもらっています。別に僕が「くれ」というのではなく、お母さんが「あげる」というので、甘えるというか半分親孝行みたいなつもりでもらっています。

他人は「大のオトナが情けない」と言うかも知れません。でも僕だって仕事に恵まれてたら、ちゃんと結婚して、子どもだって作っていると思う。お父さんに仕送りもしてるに違いない。

でも、それが上手《うま》くいかないから、いまだに両親の家に一緒に住んでるんです。現在の不況やいろんな状況は、お母さんから聞いてくれてるとは思います。だから僕もお金を受け取るのを断りはしないのですが、それでも何かキモチワルイ感じが心の隅に残っています。

お母さんは「いい加減に一人暮らししなさい！」と家から追い出したりしません。きっとお母さんは僕のことが好きだからだと思います。ということは「母の愛」とはキモチワルイものなのでしょうか？

お父さんはしょっちゅうお母さんとケンカして、いつも最後はお母さんが泣いて、お父さんが謝って、そしてお母さんは僕にお金をくれます。お父さんはきっと、僕のことが好きじゃないんですよね？

お母さんからお金を受け取る僕は、いつもヘンな気分になります。

もうずっとこんな気分が何十年も前から続いて

います。

お母さんの愛情は、これからいつまで続くのでしょうか？　言い方は悪いけど、お母さんは僕よりきっと先に死にます。そしたら僕はどうやって生きていけば良いんでしょうか？

とりあえず、いまはそんなことを考えないようにしています。この家に住んで、お母さんからお金をもらうのは便利です。便利だからやめられません。

でもキモチワルイんです。お父さん、たすけて。

僕はいったいどうすればいいと思いますか？

◆めいがうそをつくのを直したい……

相談者―主婦／31歳

2011年12月24日／朝日新聞／朝刊

31歳の主婦です。

めいのことで相談させていただきたく、投稿しました。

めいは小学校2年生なのですが、最近、うそをつくことがとても多くなりました。

今、彼女の母親が体調を崩して入院しており、「父子家庭」状態なので、私の両親が面倒をみています。

めいには兄と弟がおり、弟とは仲良く遊びますが、兄とは年が近いのでよくけんかをしています。

以前のめいは、素直でどちらかというと手をやくことがなく、大人を困らせない子どもでした。

ところが、小学校2年生になり、言葉をいろいろと覚えて、「自我」が出てきたようです。

笑えるようなうそならいいのですが、それがきっかけで、なにか犯罪に巻き込まれたりしないかなどと、気が気ではありません。

きっとなにか理由があって、うそをついているのだと思います。でも、その理由がよくわかりません。

どのように教えたら、うそをつくことが良くないことだと、小学校低学年の子どもにわからせることができるでしょうか。

どうやって、うそをつかないようにと、教えればいいでしょうか。

なにかアドバイスをいただけますか。よろしくお願いいたします。

◆回答者―岡田斗司夫

サンタさんはいるの? と聞かれたらどう答えますか? 「いるよ」または「どうだろうね?」。前者はうそで答え、後者は答えない。

うそをつく人と、隠し事をする人。人間はこの2種類のどちらかです。うそはいけない、と考える人は「隠す・ごまかす」のが上手い人です。

もちろんあなたは後者です。相談には「どんなうそか」「まわりの迷惑」など、具体的な内容が一切ありません。家族の恥を新聞で公開するなんて考えられない。だからあなたは「隠す」をごく自然に無意識に選択しました。

「うそと隠し事」、どっちも悪いと言えば悪い。ですが人間誰しも「丸裸の自分」は不安で、人間関係が保てません。うそも隠し事もなく生きられるのは、動物と乳児だけです。

本心を、出せる形にアレンジして出す(=うそ)人もいれば、出さない(=隠す)人もいる。めいはアレンジタイプ、あなたは出さないタイプ。それだけの差なんですよ。

私は子供の頃、一つ上の従兄《いとこ》にうそばかりついていました。「来年、こんな新製品が出るらしい」とか、「アメリカではこんな研究をしているらしい」とか。へぇ、と感心してくれる従兄は僕にとって大事な人でした。

うそをつく人は、特定の相手にうそをつきます。どうでもいい人には、そんな面倒なことしません。心ひかれている相手だからこそ、自分を少しでもよく見てほしい。がっかりされたくない。その頃の私は、なぜ自分がうそばかりつくのか、わからなかった。うそがいけないことだとか、信頼を無くす行為だとかも知っていたから、苦しい思いをしてました。

あなたのめいも同じじゃないでしょうか。うそをつくのは、めいが「私を好き?」「構って」とすり寄ってる証拠です。母が入院して寂しい小2の女の子が甘えてきてるんです。信じて、だまされてあげようじゃないですか。

もちろん、だまされるにも限度があります。

「学校で買えと言われた」とうそをつきながら欲しいものをねだってきたら、「私もお金、苦しいんだ。しょうがないな。ヘソクリ、使っちゃうね。内緒だよ」みたいに、上手くめいの罪悪感を刺激して、徐々に「うその怖さ・隠し事のつらさ」を教えてあげましょう。

うそはダメ、と教えるんじゃないんです。うそや隠し事との正しい付き合い方を教えましょう。「サンタさんはいるよ」と答える素敵な大人になってくれることを願って。

スキルや才能が欲しい

女を捨てたくないんです……

◆相談者―主婦/50代

2009年10月24日/朝日新聞/朝刊

どうしてこうシワやたるみに連日悩まされるのでしょう。

還暦前の女性です。鏡を凝視できなくなりました。60歳近くなれば老け肌も老け顔も当たり前ですが、異性から若く見られたい、10歳くらいは若々しくいたいのです。

白髪ならごまかせますが、顔や首となると……。

同世代の友人は顔面の肉付きがよく、弾力があるのでシワも目立たずたるみも軽いのですが、私は顔がやせていて、皮が自然に重力の法則で垂れます。鼻から口元へのほうれい線までくっきり出始めたのでショックを隠せません。

テレビ通販で目を引いたアンチエイジングのコラーゲンやヒアルロン酸入り、コンドロイチン含有化粧品を救世主と飛びつき、1日2回マッサージ。家族の笑いぐさとなっても、これが最後の手段と、寝る際、粘着テープをほおに張ってたるみを持ち上げようとしました。が、すべてダメ。一時しのぎに過ぎず努力は水の泡と消えました。

リフトアップ整形も考えましたが、いまひとつの勇気と多額の費用がありません。メスを使わないプチ整形も、小心で慎重派の私には失敗が怖いのです。「その年でまだ男性を意識してるの？」と、友人たちは言いそうですが、女を捨てたくはありません。女にとって美は永遠の課題。私は切羽詰まっています。的確な肌対策、また若返り法があれば教えてください。

◆回答者―岡田斗司夫

「的確な肌対策、また若返り法のアドバイス」ですか。

回答の範囲指定までされてしまっては、逃げるわけにはいきませんね。

もちろんあなたは「見た目にこだわらなくても」などの世間的助言は求めてないでしょう。「女を捨てたくはありません。美は永遠の課題」とまで言い切るその気合に押されました。

しかたない。私が思うところを正直にお答えします。

結論から言います。整形手術したほうがいいですよ。でないと気が治まらないでしょう？

薬品や施術で少しばかり若返っても、きっと数年後にはまた同じ悩みの繰り返しです。

だからと言って「老いを受け入れるのもイヤ」なんですよね？　じゃあ手術しかないです。

「勇気と多額の費用がありません」「小心で慎重派の私には失敗が怖い」

駄々をこねてはダメです。得るためには、なにかをあきらめるしかありません。入試を突破するには、遊び時間を減らして勉強時間を増やすしかないのと同じ道理です。

なんとかお金を工面し、自分の恐怖心をなだめて、整形手術しましょう。と、ここで回答を終えてもいいのですが、私の話を聞いてください。

私は独自のダイエット法で1年で50キログラム、体重を落としました。そのとき、出版社の企画で、ある大物整形外科の先生と対談しました。

対談中、何度も「アンチエイジングは人類の夢です。岡田さん、整形して若返りましょう！」と勧められましたが、ちょっと考えて断りました。

手術代はタダという条件だったので、費用が問題ではなかったし、手術が怖かったのでもありません。整形手術に抵抗や偏見もありません。

「美しく見せるために工夫する」という意味では、私のやったダイエットも、女性の化粧も、整形手術も本質的にかわりはないからです。

本質は同じだからこそ、あとは本人の好みと美意識だけです。

私は「手術してまで若く見せたい」と思う自分を、自分で好きになれなかった。だから断りました。

あなたはいかがでしょう？　手術の翌日や翌年、10年後の自分も好きになれますか？　だったら、おやりになるべきだと思います。

◆漫画家になりたいという孫……
相談者―女性／60代

２０１１年５月７日／朝日新聞／朝刊

60代の女性です。

県立の進学校に通う孫息子が将来漫画家になりたいと、高校1年の間中、授業もうわの空らしかったのです。入学時は350人中20番台の成績が1年間でどんどん下がりました。

両親は教師で、高校時代は勉強させて大学に入れて社会に送り出すのが親の務めといいます。でも孫は卒業したら大学へ行かずにアシスタントになり、漫画家の道に進みたい、帰宅後は描かせてほしいといいます。

スポーツ部から帰り、夜に漫画を描くので勉強はおろそかになります。でも大学に行かないからテストで良い点を取る必要がないといい、両親が自分の夢を認めてくれないと、バトルをくり返しています。

祖母としては孫の夢をかなえてあげたいですが、漫画家で食べていけるなどとうてい無理だと思います。孫は、貧乏でもいいから自分の思う道を進みたいといい、何を言っても聞く耳を持たず、自分の描く漫画に自信を持っているようです。

担任の先生が、大学に行きながら描いたらどうだと助言しても、「回り道をしたらチャンスを逃す」。両親は大学で人間の幅を広げてほしいといい、漫画学科もある大学も考えているようです。

祖母としては、孫の気持ちも両親の思いもよくわかるので、悩んでいます。孫にどうアドバイスをしたらいいでしょう。

◆回答者━岡田斗司夫

おばあちゃん、「ナルナル詐欺」に騙《だま》されてますね。

ナルナル詐欺は若者や青春をこじらせた元若者がかかる病気。困ったことに本人たちも詐欺だとは思わず、本気で「○○になる」と思い込んでいるのが特徴です。

なぜ詐欺だと言い切れるのか？　孫は「やりたいことを我慢」して努力してないでしょう？

け。

「夢」を勉強しないことの言い訳に使っているだ

なにも我慢せず、単に夢想・逃避するのが「夢」です。保護者なら夢なんか応援しちゃいけません。応援すべきは「目標」です。やりたいことを我慢して日々積み上げて到達を目指すことです。

不幸にも孫は「ナルナル詐欺」病にかかってしまいました。正攻法で説得してもムダです。とりあえずこの1年は捨てるつもりで、以下のマニュアルを実行してください。

1 孫に「マンガ家になるという目標を応援する」「そのために1年間、鬼のスパルタ家族になる」と宣言する。

マンガ家になるには、マンガを描くしかありません。

ノートの端に絵を描いても、それはマンガではありません。ちゃんとコマを割ってセリフを描いてるか、毎日どれぐらい描いてるのか進行具合をチェックしてください。

2 運動部を辞めさせて、自由時間はすべてマンガを描かせる。毎月16ページの短編を完成させて、東京の出版社に持ち込みに行かせる。

マンガ家になるには、編集部に持ち込むしかありません。部屋で描いてるのは落書きです。持ち込んだ原稿のみがマンガです。

3 期間は1年。ダメなら普通の大学に行く。

いま孫は高校2年ですよね？　これから1年間を以上の努力で棒に振ってもまだ間に合います。1年やっても編集さんから注文が来なければ、孫には「10代でデビューする才能」がありません。長期戦略に切り替えるべき。すなわち「マトモに就職して、仕事しながらマンガ描いて持ち込み続ける」という戦略です。

中途半端にマンガ学科のある大学や学校に行かせてもムダ。「10代でデビューする才能」はないんですから。

以上、1～3を孫や家族に宣言してみてください。今よりも問題点が明確になり話し合いも進むと思います。

僕自身も、お孫さんと同じく10代を「SF作家にナルナル詐欺」で過ごしました。あの頃を思い出すと死にたくなるほど恥ずかしい。孫を早くその渦中から救ってあげてください。

10代の悩み

ダイエットに反対されてます……

◆相談者─中学2年生／女子

2010年4月17日／朝日新聞／朝刊

学年一デブな中2の女子です。ダイエットを止めにかかる周囲の大人にうんざりです。

運動と軽い食事制限をしていますが、最近、担任の先生に気付かれ、やめろと警告されました。やめる気はありません。夢をかなえるためにはどうしても減量が必要だからです。

私の夢は、テレビで見ない日はない、ある男性アイドルグループのメンバーと友達になること。そのためにやせて自分も芸能人になりたいんです。

迷惑になると困るので名前は出しませんが、その人の人柄の良さや笑顔のかわいらしさにすごくひかれるし、何事にも一生懸命な姿を尊敬しています。でも今のままの生活では出会うチャンスがありません。

現実を見ろ、イタいんだよと笑われそうですが、私は本気です。その人とかかわりのある人をひがんだりせず、むしろ、太っている事実を受けとめて前向きに行動していると思います。舞台を見てプロの演技や発声を勉強したり、オーディション情報を集めたり、自分の良さを伸ばす努力をしています。高校を選ぶ条件に芸能活動の許可が出ることも入れています。今日までに体重を4キロ落としました。

夢を追いかけることは本来ならば後押しされるべきことなのに、ダイエットの努力が非難されるのは腑《ふ》に落ちません。

私の考えや、していることは、間違っていますか？

◆回答者―岡田斗司夫

あなたが今、挑戦してるのは「目隠しの綱渡り」です。やり遂げた時の報酬は大きいけど、成功の可能性は大きくない。失敗したらかなりダメージを受ける。あなたがどんなに努力しても「運次第」という要素が大きすぎる。だから周囲は反対する。

ダイエットに成功しても芸能界に入れなかったら計画はパー。芸能界に入れても、その彼が結婚しちゃったらやっぱりムダ。

わかりますか？　長い綱渡りの先にたった一つのご褒美しかないギャンブルは、人生を賭けるには危険すぎる。途中に休憩所やご褒美、落ちても大丈夫な命綱や安全ネットが必要です。

ではどうするか？

決意の強さを見せてもダメです。リスクヘッジ、つまり「ダメでも次のプランがある」という戦略を立てましょう。

プランA　芸能人になり、アイドルと友だち。成功確率1％程度。必要な活動……オーディション受験。

プランB　ヘアメークなどの仕事について20年以上働く。その期間内に彼と知り合いになれる確率は50％程度。必要な活動……高卒後、専門学校へ。

プランC　ダイエットに成功して、アイドルにちょっと似てる彼氏を作る。成功確率70％程度。必要な活動……高校入学までにダイエット成功。

以上の3プランは相互に矛盾していません。Aがダメでも Bを狙えるし、Cを実現しさらにBやAを狙える構造です。途中段階でご褒美もあるので、やる気維持にもつながります。

さて、やりかたです。自由時間全部を100％として、以下のように配分しましょう。

Aに20％：オーディション応募。

BとCに40％：カッコいい彼氏候補のいる高校へ受験対策。ヘアメークなどの仕事は人脈が大事なので接客バイトなどで経験値を上げる。

Cに40％：中学卒業までにダイエット終了。

今から1年かけて減量するなら、無理のないダイエットなので周囲も反対するはずありません。ダイエットに成功すればCの確率もあがります。受験対策もちゃんとすれば、オーディションに落ちても彼に近づけるチャンスは十分にあります。

この紙面の裏には勝間和代さんが連載しています。彼女の本を読んで、「戦略的思考」を身につけてね。成功を祈る！

母の浮気を知ってしまいました……

◆相談者―高校3年生／女子

2011年10月29日／朝日新聞／朝刊

高校3年生の女子です。中学生の頃から悩んでいることがあります。母親の浮気です。

私の家は真面目な父、弟、私、そしてパートの母の4人家族です。母は以前から年齢よりも若い服や靴を好み、美容などにも関心を持っていました。私も抵抗はなく、むしろ良いことではないかと思っていました。

しかし、数年前に、絶対に父ではない男の人との、明らかに浮気とわかるような親密なメールを見てしまいました。とてもショックで裏切られたような気持ちでしたが、誰にも言えず、ずっと黙っていました。つい最近再び、しかも嫌悪を抱くほどもっとエスカレートしたメールを見ました。それから、私は母が信じられなくなりました。

受験を控え、ちょっとしたことで母と口げんかをしても、「お母さん、浮気してるでしょ。私、知ってるんだからね」と、言い返しそうになります。多分、母は気付かれていないと思っているのでしょう。父と弟も知りません。

浮気は良くないと思うので、母には男の人と別れて欲しいです。もし私が口にしたら家族は壊れてしまいます。それは嫌ですが、今後、悶々《もんもん》と「母の浮気」という暗い事実を抱えて生きていく自信もなく、いつかは爆発してしまいそうです。私は、寛容さが足りない駄目な子供なのでしょうか。どうすればいいのか教えてください。

◆回答者―岡田斗司夫

まず、母の携帯電話をどこかに隠しましょう。以後の展開は、あなたのタイプによって四つに分かれます。

1　良い子で弱すぎる場合。母に携帯を見たことを告げて、浮気をやめてと泣いて訴える。

2　良い子で強すぎる場合。家族会議を招集し、全員で母に浮気をやめるよう説得。

3　イケナイ子で弱すぎる場合。携帯を渡さない。新しい携帯を買ったら、また隠す。

4　イケナイ子で強すぎる場合。証拠を突きつけ「今後、説教するな」と注意。口止め料として欲しいものを買わせて、自分の怒りを収める。

……いかがですか？　全部、難しいかもしれませんね。

実はもう一つ、あります。

5 「お母さんの好きな人を私に紹介して。もし良い人なら、お母さんの味方になれるかもしれない」と言う。

もし母が「紹介する」と言ったら？ 苦しいだろうけど、覚悟を決めてください。今の家族が変化すべき時が来たのです。あなたが3年間、家族のためにガマンして黙っていたのと同様に、母も「良き母」を務めるために自分の恋愛を隠し続けてきました。家族が大事だから秘密にしたという意味では、あなたと母は同じなのかもしれません。

でも紹介してくれないでしょうね。たぶん「無理」「もう浮気はしない」と言います。その時はすかさず目の前で携帯をへし折りましょう。

母の恋愛はそこまで真剣じゃない。3年隠した、ということは、ずっとこっそり続けるつもりだった。本気の恋ではなく「やめられない悪い癖」みたいなものです。

ではどうするか？ 他の悪い癖との比較で考えましょう。もし父がパチンコ浸りで借金まみれになったら？ 「父が悪いんじゃない。パチンコが悪い」と考えますよね？ もし父が酒浸りだったら？ 「お酒が憎い」ですよね。父や母を憎んでもしかたない。彼らは「弱い」だけであり、誘惑する「手段」こそ、あなたの「敵」です。

悪いのは、母に安易に浮気させ、それを3年間もこっそり続けさせた携帯電話です。

数年前、月刊現代という雑誌にも「携帯普及率と主婦の不倫率は正比例する」という記事が載りました。それが事実かはともかく、携帯さえなければ、母は浮気しなかったかも知れません。

悪いのは携帯です。母を責めず、携帯電話に責任を取らせましょう。母の携帯をへし折って、3年間の悩みを終わらせてください。

政治家になり事件を防ぎたい……

◆相談者―高校2年女子／17歳

2012年1月28日／朝日新聞／朝刊

高校2年生の女子です。

唐突ですが、なぜ殺人事件など存在するのでしょうか。

先日、象印マホービン元副社長の方が強盗殺人の被害者となってしまった事件がありました。あまりにも痛ましすぎ、涙があふれてきました。

被害に遭われた方は、若かりし日には一生懸命勉強をして、努力を重ね成功されたのでしょう。晩年は寄付をするなど社会貢献にも力を注がれたそうで、私など足元にも及ばぬ、人間として尊敬できる、立派な方だったのではないかと思います。

このような事件に接する度に、私の中で悲しみ、怒り、いろんな感情が渦巻き、何とも言い難い虚無感に襲われます。お聞きしたいのは、この感情をどうすればいいのか、という個人的な解決法ではありません。

まだまだ実現は遠い道のりになりますが、私は将来の職業として政治家を志しています。

そのような私に、今回のような事件を少しでも減らすために何が出来るのか、具体的にお聞きしたいのです。

例えば、私の思いつく限りでは、今回の事件から、お年寄りが単身で暮らしている高齢化社会の事情や、年金問題など社会保障制度をどうするか、などの問題などが浮かんできます。

それらは全て政治の力をもってすればある程度対処できる問題でしょうか。

ご助言をお願いいたします。

◆回答者―岡田斗司夫

政治家の存在意義って、もう終わってるんですよ。

この150年、日本では「最優秀の人材が政治家や官僚になるべき」と考え、実行してきました。でも、この試みは完全に失敗でした。頭が良い奴ほど、ズルをするとタチが悪い。政治家や高級官僚のズルは完成度が高いので、追及したり反省させたりするのにひと苦労します。

頭の良い大人同士がケンカすると、お互いに引き際が汚い。グチグチといつまでも続く。だから政治家の対立も官僚の縄張り争いも、みっともないのに止められません。

以上のように、政治問題の大部分は「一流の人材を議会や官僚組織に」という発想自体にあります。最優秀の人材がズルや縄張り争いを始めると「最優秀な犯罪者」になってしまう。被害を受ける人は膨大になるし、最優秀な人材を犯罪者にしちゃうのは、二重の国家的大損害です。

政治家なんて「隠し事やズルやケンカが下手な人」、つまり僕やあなたの周囲にいるような「二流」程度の普通の人で十分なんですよ。優秀な人より仕事はできないだろうし、外交のミスも多いかもしれない。でも優秀な人より失敗を隠したりするのは上手くないはずです。

では、最優秀の人材は、どこに投下すべきか？「この世界をよくしたい」という、あなたのような人はなにを目指すべきか？

答えは「民間政治家」です。

会社を作り、多くの従業員を幸福にし、本社所在地の地方そのものを活性化しましょう。あなたが得た膨大な資産は、困っている人のために使う。日本国民全員を幸せにしなくても構わない。自分の目の届く、たった数百人や数千人を助けてあげれば十分です。

1億人を幸せにしよう、と望む政治家が１００人現れたら、その１００人は必ずケンカを始めます。結果、1億人は放ったらかしになります。

でも、千人の社員を幸せにする社長が10万人いれば、1億人は幸福になれる。1万人の社員と地域住民を幸せにできる企業が1万社あれば、やっぱり1億人は幸福です。

巨大化ゆえに無駄と争いと隠し事ばかりになった政治や官僚システムに、これ以上ムダに期待したり投資すべきじゃない。そっちは「二流」の人材で十分です。

本当に世のためを目指すなら「民間政治家」がオススメです。それなら私もあなたに投票しますよ。あなたの会社の商品を買いましょう。

それが21世紀の「投票」です。

私の万引きやめさせて下さい……

◆相談者─高校1年女子／16歳

２０１２年３月24日／朝日新聞／朝刊

とある有名な進学校に通っている、高校1年生の女子です。

7歳のころから、万引きをしてきました。最初は10円のガムで、友達5人とコンビニエンスストアに行ったときです。何度も手に取ったり、握ったりして、「こんなに悩む時間がもったいない、これだけ悩んだことは10円の価値に相当するのではないか」という気持ちでした。

私は絶対に必要だと思えない物は買いません。でも、「どうしても欲しい！」という欲望と「その理由づけが甘い！」という理性が闘った結果、引き分けで、かつ葛藤の時間が膨大なとき、万引きをします。

7歳からの総計は1万円ぐらい。最近万引きを1日で3回、合計３５００円相当しました。1日としては今までで1番多額で、ちょっと度が過ぎている気がします。天性かもしれないと思って怖くなりますが、このように心をすり減らし、自分のことを嫌いになるという代償が万引きにはあるという風に客観的に捉える自分もいます。

勉強ばかりのストレス発散という側面はありません。ただ、容姿への自己嫌悪は強く、自分の弱さも自己嫌悪の一部を占めてます。勉強は学年10位以内で長所は真面目、努力家、勝ち気などです。家庭は円満、友達もそこそこ。なぜ私はこんなにも慎重派で満たされているのに、万引きするのか、どうしたらやめられるのか、伺いたいです。

◆回答者―岡田斗司夫

実は、近所のたい焼き専門店がつい先日、閉店したんです。おいしいお店で、たまに買っていました。閉店を知った時、最近は自分がその店でたい焼きを買ってなかったことをとても後悔しました。

もし、私が先週買っていたら、閉店しなかったかも。知人や近所の人に「あそこ、おいしいよね」と言えば、潰れなかったかも。

もちろん、こんなのは私の勝手な妄想です。たい焼き屋は他にもあります。でも、私が悔しかったのは、「私が好きなたい焼き屋」を潰れるに任せてしまったことです。

町の小さな書店がつぶれる原因は万引きです。本屋は、1冊売っても利益が大変少ない割に、大量の本を並べる重労働。好きでないとできない仕事です。万引きが増えてお店の人がお客さんを好きになれなくなってしまうと、もう続けられません。

コンビニも、たいていギリギリで経営しています。倒産したら、お店を経営していた家族も、バイトのフリーターも、収入が無くなります。その家の子どもは、今日食べるご飯に困ることになります。

「理由づけが甘い」のに、「どうしてもほしい」。要りもしないのに、欲しい。

それって実は、あなたがその商品をとても好きだ、ということです。ダメな男の子を好きになっちゃうのと同じ。理由なんか人に説明できなくても「好き」というだけで、あなたにとって無限の価値があるはずです。

あなたが「いいな」「ほしいな」「好きだな」と感じたものをお金を出して買う。すると、売っているお店も、作った工場も「あなたの気持ち」をお金として受け取れます。「売れた！　お客さんが喜んでくれた！」と、もっともっとあなたを喜ばせる商品を考えてくれるでしょう。

だから今後は、今後でかまいません。「ほしい！」という気持ちにさせてくれた商品に対して、その向こうの人たちに対して、「すごいね」「好きになっちゃったよ！」というあなたの気持ちを投票するつもりで、あなたのお金を支払ってあげてください。

この世界は、あなたが思っているほど強くもないし、安定もしていません。はかなくて、びっくりするぐらい不安定です。誰か一人の善意で美しい話も生まれるし、誰か一人の悪意でも残酷で醜くなってしまいます。

せめて、あなたが「好きだな」と思ったものだけでも、守って育ててあげてください。

このままでいいの？

「結婚しないの」と聞かれます……

◆相談者―OL／20代

2011年3月5日／朝日新聞／朝刊

20代後半の独身OLです。

友人や親戚から結婚話をされる度に気持ちが落ち込むようになりました。みな一様に「早く結婚したら？」「なぜしないの？」と言います。両親はマイペースでいいと口では言いますが、真意は疑わしいものです。

結婚に対して消極的なわけでも、否定的なわけでもありません。付き合う彼氏が結婚話をした途端逃げていったとか、一度破談になったなどのつらい経験があるわけでもありません。現在の彼氏とも関係は良好で、ふとした折りに未来の家庭像や架空の赤ちゃんの話をします。

「なぜしないの？」と聞かれると答えに困ります。「なぜあなただけ結婚してもらえないの？」「駄目な点はどこなの？」と聞かれているように、つい感じてしまいます。

最近は強迫観念からか卑屈になりがちで、「離婚するからしないの」「金銭的にデメリットが多いからしないの」など、心にもないことを言ってしまいます。そうすると、聞いた人は、それを私の強がりか見えはりと同情して、それ以上言ってこないと知ったからです。

「結婚はいいものよ。なぜしないの？」と聞かれ、「そう……私もいつかしたいな」と素直に答えられるようになるには、どうしたらいいですか。

私の中の虚栄心やプライド、負けず嫌いなどの負の要素が、そうさせないのでしょうか。

◆回答者―岡田斗司夫

結婚や出産に特別の能力は必要じゃありません。逆にちょっとばかり単純なほうが簡単に「結婚する！」「産む！」とか決めてしまえるぐらいです。計画性のある人ほど、悩んでためらいます。結婚や育児は女性側の能力ではなく環境、つまり「決意させるだけのサポート保証」が必要なんです。

安心してください、問題はあなたの〝能力不足〟ではありません。

では、あなたはなぜイライラするのでしょうか？

A　どうしてほっといてくれないの？　そんなの私の勝手でしょ？　……周囲が悪い。

B 彼はどうして、そんなことをみんなに言わせてるの？ まるで私が魅力のない女みたい。プロポーズぐらいしてくれてもいいじゃない！ ……彼が悪い。

C 私は、どうしてこんなことでイライラしてるの？ 周囲の意見に振り回されるなんて、私の主体性ってどこにあるの？ ……私が悪い。

この三つ、ぜひ人目のないところで声に出して言ってみてください。この中にあなたの本音が隠れている、というわけではありません。たぶん三つとも本音です。ただし、その配分率が問題なんです。

〈Aが最大の場合〉

周囲が悪いんだから仕方ない。風潮に逆らっても無意味です。彼に「まわりがうるさいから、形だけでも結婚して」と提案しましょう。籍だけ入れるとか、籍を入れたフリでもOK。

〈Bが最大の場合〉

彼が悪いんだから仕方ない。そんな男とは別れる潮どきです。将来を真剣に考えてくれる男性を探しましょう。

〈Cが最大の場合〉

あなたが悪いんじゃない。あなたは自分が思っているほど、理性的でも強くもないだけです。理性や論理は「自分はこう思ってるはずだ」という〝感情の説得〟に使っちゃダメ。自分が幸せになるために使うものです。もっと自分の感情に正直に、作戦を練るべき。

「私ももうすぐ30、まわりにアレコレ言われると不安になるよ。親を安心させるため、結婚しようよ」と押し切って結婚を迫りましょう。勇気を出して甘えてみてください。

これで動かない男はろくでなしです。ろくでなしを選ぶなら、世間の声には耐えましょう。健闘を祈ります。ガンバ！

安心して子供に愛情を注ぎたい……

◆相談者―会社員／30代

２０１０年10月9日／朝日新聞／朝刊

フルタイムで働く30代の女性です。

私は独りで出産しました。パートナーは愛を表現してくれ、同居していましたが、私が妊娠すると態度を「豹変《ひょうへん》」させ、去りました。すべてをさらけ出して相談できるのは姉だけでしたが、その姉も他界しました。

子供のためにも両親と行き来して、おじいちゃん、おばあちゃんの存在で寂しい思いをしなくていいようにしてあげたいし、しなければならない、と思います。ですが、私は両親と心のつながりが持てず、近づくと精神的なトラブルがおこります。子どもの頃、母親から言葉や力の暴力を受けたせいです。10代のころは、それで具合が悪かったこともありました。

かわいい子どもがいることが今の生きがいです。でも、イライラした時にたまに、「この子がいなければ愛情も失わず、今までの生活も失わなかった」との馬鹿な気持ちが浮かびます。冷静な時は「この子のおかげでウソの愛情もわかったし、生きる理由ができた」と思えます。

ただ子供の存在が生きる支えでいいのでしょうか。子供のために良い母親を目指しても、その目標は簡単に壊れます。私は今も「違う親のもとに生まれていれば」と思います。自分の根源を否定し、自分自身を認められません。どうすれば自分自身を認め、安心した気持ちで子供に愛情を注げるでしょう。

◆回答者―岡田斗司夫

「どうすれば自分自身を認め、安心した気持ちで子供に愛情を注げるでしょう」ということは、あなたは「自分自身を認められない」「安心した気持ちになれない」という状態。だから「愛情が注げない」んです。

実はあなたは自分の子供が好きじゃない。なのに、無理して育児している。だから辛い。問題の本質はここです。

この状態で「良い母親」になろうとしても苦しいだけ。逃げ場がないんですよね。

大事なのは、心の復活です。自分を責めたり、生まれてしまった子供を責めたりする気持ちから、いかに立ち直るか。

いまあなたに必要なのは「育児リハビリ」です。自分のために育児しましょう。「子供のため」とガマンせずに、子供を「自分のリハビリのための道具」と割り切ってください。

子供は、全面的に保護者の助けを必要とします。あなたがいなければ、生きていけない。

あなたを全肯定し、求めてくれます。あなたが親や彼氏に求めても与えてくれなかった「本当の愛情」が、ここにあります。


頼られて、圧倒的に求められることは、とても自分の心にパワーを与えてくれます。癒《いや》しになります。

同時に、子育ては非常に大変で、逃げたくても逃げられない人間関係です。これはとても厳しい心の訓練になり、あなたが両親や彼氏のトラウマから立ち直るチカラになるでしょう。

子供のために育児しなくていいんです。子供を今は好きになれなくてもかまわない。

ずるい気持ちで「自分のリハビリのため、子供を利用する」と考えてかまいません。

だってそのほうが、今よりずっとあなたが楽になるから。あなたが楽になった時はじめて、「私のリハビリに利用しちゃったね。ありがとう」と我が子に生まれてきたことを感謝できるかもしれません。

ムシャクシャするときは子供に怒鳴ってもいいんですよ。そうすればなぜ、母が昔あなたに怒鳴ったか理解できる。母をゆるして過去の自分と仲直りできる。そんな道具に子供を使ってください。

子供はあなたのリハビリのための、大事な道具です。だから大事に育ててあげてください。

それで大丈夫。いまより幸福な親子に近づけますよ。

どうしたらいいのか、わからない

借金で迷惑かけた私です……

◆相談者―既婚女性／30代半ば

２０１０年８月７日／朝日新聞／朝刊

30代半ばの既婚女性です。６歳、３歳と、男の子と女の子がひとりずついます。独身時代からの勤めを今も続けています。

私にはどうやら浪費癖があるようで、独身時代から給料などはきれいに使い切ってしまっていました。

ギャンブルにはまったり、他の男性に貢いだりすることこそありませんが、結婚後も、夫に使い道を報告することもないまま、買い物を続けました。そして気がついたら、数百万円も使ってしまっていました。

カードローンやクレジットの返済は、夫の両親にお願いして払ってもらいました。

夫はかなり怒りました。

実家にお願いせざるを得なかったので、今後は感謝をしながら正しい人生を歩んでいかなければならないと思っています。でも、私には何ひとつ、取りえがありません。

整理整頓も、料理も子育ても、妻としても、たいして何もできないのです。せっぱつまっても、できないのです。これだけは誰にも負けることがないというものもなければ、大好きなことも特にありません。

このままでは親子関係も、夫婦関係もどんどん悪くなる一方です。こんな年になって、こんな悩みは恥ずかしくてしかたないのですが、自分で悩んでいても何の答えも出ません。

何か助言をいただければ幸いです。

◆回答者―岡田斗司夫

悩んでも答えが出ないのは当たり前。原因と結果が逆転しちゃっている。相談を正しい順序に直すとわかりやすくなります。

私には取り柄《え》がない
↓〝だから〟浪費が止まらない↓浪費がバレて、評判が落ちた↓下がった評判を取り返したい↓評判を取り返すには「誰にも負けない取り柄」が必要だ↓でも私には取り柄が（無限リピート）。

浪費、つまりお金を使っている瞬間は人にチヤホヤしてもらえます。ブランド物を買うと、店員に丁重に扱われますし、身につけると、友達に見栄をはることができます。高級レストランで食事をおごったりすると、知り合いに喜ばれます。つまり、これまでのあなたの取り柄とは「金払いがいい」「気前が良い」ことだったんですよ。

その唯一の取り柄も、たまりにたまって借金数百万。夫の両親に頭下げて払ってもらったんだから、もはやこの手は使えません。

では、どうしましょうか？　キャラを変えるしかないでしょう。もう「カッコいい私」はあきらめてください。「おバカだけど頑張る！＝愛される」を目指しましょう。

オススメは「お金使わなかった貯金」です。これまでの自分なら絶対に買っていた・支払っていたモノやコトを毎日箇条書きしてください。おまけに毎週末、家族に発表するのです。

「以前の私なら○万円使ってたけど、使わなかった！　これで累計○○万円の得！　ね？　偉かったでしょ？　誉めて！　誉めてくれないと、また浪費しちゃうかも」と夫に誉めを要求しましょう。

おバカでしょ？　そういうキャラになっちゃうのです。

誉められること、評価されることは人間に必要です。だからこそ、あなたは浪費した。この根本から目を逸《そ》らすと、また同じパターンの繰り返しになります。借金してまで誉めてほしかったんですよ、あなたは。そんな自分を「おバカキャラ」として認めて許してあげてください。

夫が誉めてくれなかったら、仕方ない。僕に「お金使わなかった貯金」をメールしてください。月に一度ぐらいなら「偉かったね」と誉めてあげますから。

とりあえず1回目、前払いします。ちゃんと相談できて、偉かったですね。

あとがき

本書は「岡田斗司夫をFREE化する組織」＝FREEexの協力で完成しました。

この本は、僕が大阪で行った講演がベースになっています。

この講演の主催がFREEex。ぼくと一緒に仕事をするための組織です。

FREEexメンバーは、講演を主催するだけでなく、記録映像も録ってくれます。

この講演の映像ノーカット版は、岡田斗司夫のSNS「クラウドシティ」で公開されています。

この本の原稿も、FREEexのメンバーが、その映像をもとに文字起こしし、クリンナップし、自分たちでまとめました。

僕が最終的にチェックし、リライトしていますが、基本FREEexのメンバーの手によるものです。

ベースになった講演・NHK文化センター梅田教室は『岡田式「悩みのるつぼ」実践講座〜悩みは解決させるな!?〜』は、FREEexメンバー神田貴成が企画・担当しました。

この時の講演記録を同メンバーのぞき見のミホコが文字起こしし読みやすく書き直しました。岡田斗司夫がその原稿を再構成し、原稿を完成させました。

また同メンバー・マクガイヤーのリュウタロウには書籍担当チーフとしていつも僕の相談に乗ってもらいました。

岡田斗司夫のSNS「クラウドシティ」では、参加者（市民）のみなさんに助けてもらいました。

朝日新聞から新しい相談が来るたびに、僕はその相談を「悩みのるつぼゼミ」に掲示します。するとと多くのゼミ生が回答にチャレンジしてくれます。

僕はそれを参考に、あれこれ考えることができました。

朝日新聞連載の担当者・中島鉄郎さんは、新聞の締め切りを守らない僕を、いつも叱咤激励してくれました。

出版元である幻冬舎・大島加奈子さんのクレバーな助言と、根気ある励ましに感謝します。大島さんがいなければ、きっと僕は作業からいまだに逃げていたと思います。

みんな、ありがとう。この本はみんなのおかげです。

僕といっしょにこの本を作った組織・FREEexに興味のある方、

また「悩みのるつぼゼミ」の開講されている岡田斗司夫のSNS「クラウドシティ」に興味

のある方は、http://blog.freeex.jp/ へぜひアクセスしてください。

この本には掲載しきれなかった全「悩みのるつぼ」バックナンバーも揃っています。

岡田斗司夫とFREEexの書籍、次回作は『いいひと戦略〜超ネット時代の生き残り経済学(仮題)』(マガジンハウス)になるか、『僕たちは生涯、就職しないかもしれない(仮題)』(PHP研究所)になるか、たぶんどっちかです(笑)。

では次の本でまたお会いしましょう。

2012年8月23日(木)　吉祥寺にて

岡田斗司夫(FREEex代表)

幻冬舎新書 277

オタクの息子に悩んでます

朝日新聞「悩みのるつぼ」より

二〇一二年九月三十日　第一刷発行
二〇一二年十月十五日　第二刷発行

著者　岡田斗司夫 FREEex

発行人　見城 徹
編集人　志儀保博

発行所　株式会社 幻冬舎
〒一五一-〇〇五一 東京都渋谷区千駄ヶ谷四-九-七
電話　〇三-五四一一-六二一一（編集）
〇三-五四一一-六二二二（営業）
振替　〇〇一二〇-八-七六七六四三

ブックデザイン　鈴木成一デザイン室
印刷・製本所　株式会社 光邦

相談および回答は朝日新聞土曜別刷りbeに2009年4月4日～2012年3月24日まで連載された岡田斗司夫氏担当回を使用した。
なお、相談部分についての著作権は朝日新聞社に帰属する。

Printed in Japan　ISBN978-4-344-98278-9 C0295
お-14-1

幻冬舎ホームページアドレス http://www.gentosha.co.jp/
*この本に関するご意見・ご感想をメールでお寄せいただく場合は、comment@gentosha.co.jpまで。